스티븐 코비의
인생을 바꾼 위대한 명언

도서출판 나무

STEPHEN R. COVEY

스티븐 코비의
인생을 바꾼 위대한 명언

GREAT QUOTES
on Leadership and Life

Copyright ⓒ 2013 by Franklin Covey Co.
Internal design ⓒ 2013 by Sourcebooks, Inc. All Rights Reserved
Korean Translation Copyright ⓒ 2016 NAMU BOOKS, Inc.
through Inter-Ko Library & IP Agency

이 책의 한국어판 저작권은 인터코에이전시를 통한 Sourcebooks, Inc.와의 독점 계약으로 주식회사 도서출판 나무에 있습니다.
저작권법에 의해 한국 내에서 보호를 받는 저작물이므로 무단 전재와 무단 복제를 금합니다.

Cover photo from ⓒ wallpaperbeta.com

목 차

리더십과 비즈니스를 위한 명언
Quotes on Leadership and Business

비전 *Vision*	8
목표 *Goals*	16
행동 *Action*	26
과정 *Process*	44
결과 *Result*	78

인생을 위한 명언
Quotes on Life

생각을 바꿔라! *Change your mind!*	86
행동하라! *Do it!*	106
즐겨라! *Enjoy!*	136

들어가면서…

> *"삶에서의 핵심은 부의 축적이 아니라*
> *사회에 대한 공헌이다."*

스티븐 코비의 명언은 그가 자신의 삶을 어떻게 살았는지 확연하게 보여줍니다. 그는 국제적으로 존경 받는 리더십 분야의 최고 강연자이며, 가족관계 전문가, 교사, 조직경영 컨설턴트, 저자 등등으로 다양한 활동을 하였습니다.

코비는 집안의 가업인 호텔 사업을 이어받지 않고 자신의 열정과 능력, 기술, 리더십 등을 여러 사람에게 가르치고 나누기로 결심합니다. 처음에는 작은 교실이나 회의실에서부터 자신의 열정을 가르치기 시작하면서 점차 커다란 명성을 얻게 되고, 마침내 1996년 코비는 타임지가 선정한 미국에서 가장 영향력 있는 25인 중의 한 사람으로 선정됩니다. 그는 수십여 권의 책을 썼지만 그 중에서도 세계적인 베스트셀러이자 가장 영향력이 있었던 책은 〈성공하는 사람들의 7가지 습관〉이었습니다. 이 책은 출간되면서 엄청난 반향을 일으켜 출간된 해에만 2천만부 이상 판매되는 메가셀러가 되면서 20세기 가장 영향력 있는 책 중 하나가 되기도 하였습니다.

초등학생부터 포춘지 선정 100대 CEO들, 수많은 나라의 국가 원수와 주요 인사들을 위해 코비는 자신이 평생에 걸쳐 쌓아 온 중요한 리더십의 원칙과 핵심을 오랫동안 나누고 가르쳤습니다.

불행하게도 2012년 7월 자전거 사고의 후유증으로 세상을 떠났을 때 세계는 한 시대의 중요한 리더이자 멘토이며 리더십의 빛나는 보석을 잃는 슬픔을 맞게 되었습니다.

전 세계의 많은 사람들은 코비가 그동안 세상에 기여한 것을 몹시 그리워할 것입니다. 그러나 다행히 우리는 코비의 다양한 기록과 업적, 그의 삶에 대한 영감을 간직하고 있어 그나마 운이 좋은 편입니다. 코비의 개인적인 인생의 모토는 **"점점 발전하는 삶을 사는 것"**이었습니다. 그는 새로운 방향으로 계속 자신을 이끌었으며, 세계적으로 존경 받는 많은 지도자에게 자신의 지혜를 빌려주었습니다.

〈스티븐 코비의 인생을 바꾼 위대한 명언〉은 코비가 살면서 개인적으로 커다란 영감과 지혜와 비전을 얻어 자신의 책에 많이 인용했던 명언들입니다.

그가 자신의 책에서 매일 매일 위대함에 대해 말한 것처럼

"나의 소망은 여러분들이 읽은 이 책의 몇 가지 구절들이 당신이 최선을 다해 어떤 일을 성취하면서 당신의 발전을 지속해서 추구할 수 있도록 하고, 당신의 삶을 꾸준히 앞으로 나가도록 도움이 되는 것입니다."

이제 우리 시대의 위대한 사람들에게 영감을 준 지혜를 즐기시기 바랍니다.

리더십과 비즈니스를 위한 명언

Quotes on Leadership and Business

비 전
Vision

> " 리더십은
> 비전을 현실로 바꾸는 능력이다. "

워렌 베니스
(Warren Bennis, 하버드대 공공리더십센터 의장)

> ## 리더십의 본질은 비전을 갖는 것이다.
> 빈 트럼펫을 불 수는 없다.

테오도르 헤스버그
(Theodore W. Hesburgh, 노트르담대학 前 총장)

비전은 지금 당장 눈에 보이지 않는다. 리더는 남들이 볼 수 없는 미래를 먼저 보고, 그것을 조직에 제시하고, 조직을 이끌어 나갈 수 있는 능력을 지닌 사람이다. 리더십은 조직의 구성원들에게 미래수준의 비전을 가치 있게 만드는 변화의 의지를 심어주고 행동하게 하는 것이다.

마치 어두운 밤바다를 등대가 비추는 것과 같이 리더는 한 치 앞도 보이지 않는 미래를 우리에게 제시해주는 빛과 같은 존재이다.

> 지도자는
> 사람들이 가고자 하는 곳으로 사람들을 데려간다.
> 위대한 지도자는
> 필요하지만, 가고 싶어 하지 않는 사람도 데려간다.

로잘린 카터
(Rosalynn Carter, 미39대 영부인)

야구 선수 레지 잭슨의 이야기이다.

"위대한 감독은 선수들에게 자신이 생각하는 것보다 훨씬 더 우수한 선수라고 믿게 하는 재주가 있다. 그는 선수들에게 자신이 그들을 믿고 있다는 사실을 알게 한다. 일단 자기가 얼마나 우수한지 알게 된 선수는 자신의 최고 기량에 미치지 못한 경기에 만족하지 못하게 된다."

워렌 베니스는 이야기한다.

"좋은 리더는 아랫사람들에게 들러리가 아닌 주인공이라는 느낌이 들게 해준다."

> **우리가 경영이라고 부르는 것의 대부분은
> 직원들이 일하기 어렵게 만드는 것들로
> 구성되어 있다.**

피터 드러커
(Peter Drucker, 경영학자)

경영한다는 것은 리더십을 요구한다. 리더십 없이 회사를 경영한다는 것은 캄캄한 밤바다에 아무런 준비 없이 출항하는 배와 같다. 현재 배의 상태, 선원들의 상태, 바다의 상태 등 모든 주변 상황들을 종합적으로 분석하여 다른 선원들이 동요하지 않고 밤바다를 헤쳐나갈 수 있게 준비하는 것이 선장의 리더십이다.

현재 상황을 정확하게 파악하지 않고, 앞으로 다가올 미래에 대한 확신도 갖지 못하는 피동적인 행동을 갖는 일반 직원들이 경영하기에는 무리가 따른다.

> **일을 어떻게 하는지 아는 사람은
> 일자리를 구할 것이다.
> 일을 왜 하는지 아는 사람은
> 그 사람에게 월급을 줄 것이다.**
>
> 칼 우드
> *(Carl C. Wood, 의사)*

철강왕 앤드류 카네기는 성공의 비결을 이렇게 이야기한다.

"*상대방의 바구니부터 철철 넘치도록 가득 채우고 나면 돈을 버는 것은 식은 죽 먹기다.*"

이런 그의 기업 철학은 세계 최대의 철강회사를 운영하고 기부왕이 된 배경이 되었다. 경영자는 주는 사람이다. 일을 할 기회를 주고, 그에 합당한 급여를 주고, 직원들을 보살펴 주는 것이다. 자신의 능력만으로 성공하는 사람이 되기보다는 자신보다 뛰어난 능력을 지닌 사람을 활용하여 성공하는 경영자가 되자. 받기를 바란다면 월급생활에 만족할 것이고, 주는 것이 습관이 되고 더 많이 줄 것을 고민하는 사람이라면 이미 경영자의 반열에 올라설 준비가 되어 있는 사람이다.

> **단언컨대 인생 최고의 상은
> 가치 있는 일을 열심히 할 수 있는 기회이다.**

테어도어 루즈벨트
(Theodore Roosevelt, 미국 26대 대통령)

 테어도어 루즈벨트의 인생 철학은 극복 가능한 고난이라면 아무리 성공 가능성이 작아도 부딪히고, 극복할 수 없다면 깨끗이 잊는 것이다.
 부당하고 더러운 수를 써서 부를 축적하고 성공하는 것이 아니라 열심히 일해서 성취해야 하며, 가치 있는 것을 위해 일을 해야 한다는 것이다.
 나만 생각하는 것이 아니라, 주변을 생각하고, 다른 사람을 배려하며 다른 사람의 성공을 끌어내는 것이 리더십의 본질이다.

Quotes on Leadership and Business : Vision

> **빚은 많은 수고를 공유하는 작업이다.**

호머
(Homer, 철학가)

계속해서 호머의 <지혜의 등불>에 있는 이야기이다.

고된 노동이 있는 곳에 빛나는 성과가 있다.
훌륭한 영혼은 결코 나약한 마음을 먹지 않는다.
힘은 희망뿐만 아니라 역경에 의해서도 분출한다.
하늘은 늘 투쟁하는 자에게 승리를 안겨준다.
과거의 일은 과거의 일로 내버려 둬라.
그것은 이미 지나간 일이므로…
아무리 하찮은 베풂일지라도 다른 누군가에게는 커다란 축복이 될 수 있다.
계속 눈치를 살피기보다는 실수를 하더라도 상대방과 친해지는 기회를 만드는 것이 더 낫다.

목표
Goals

> "계획은 쓸모없지만,
> 계획하는 것은 필수적이다."

피터 드러커
(Peter Drucker, 경영학자)

> **지각 있는 사람은
> 그가 가고자 하는
> 길의 목표가 명확해질 때까지
> 결코 사업을 시작하지 않는다.**

이솝
(Aesop, 우화작가)

기부왕인 갑부 폴 마이어는 이야기한다.

"모든 것을 실현하고 달성하는 열쇠는 목표 설정이다. 내 성공의 75%는 목표설정에서 비롯되었다. 목표를 명확하게 설정하면 그 목표는 신비한 힘을 발휘한다. 또 달성 시한을 정해놓고 매진하는 사람에게는 오히려 목표가 다가온다."

일에 있어 성취하고자 하는 목표가 없다면, 다른 사람들을 이끌고 그 목표를 이룰 수 없다. 뚜렷한 목표는 하고자 하는 욕구와 강렬한 자신감을 불러일으켜 확실한 결정을 내리도록 도와준다. 지금 바로 목표를 갖고 도전하라.

> **계획하지 않는 것은
> 실패를 계획하는 것과 마찬가지이다.**

에피존스
(Effie Jones, 민권운동가)

로버트 슐러 목사는
"작은 일도 목표를 세워라. 그러면 반드시 성공할 것이다."
라고 말했다.

어떤 일을 하든지 반드시 계획을 세우는 것이 중요하다. 그리고 그 계획을 실천하기 위해 장기적인 목표, 단기적인 목표를 세워서 실천해야 한다. 목표를 실천으로 행동하면, 그 행동은 어느덧 습관이 되고, 그 습관은 당신을 성공으로 이끌 것이다.

> **항해하고자 하는 항구를
> 알지 못하는 사람에게는
> 어떤 바람도 항구로 이끌어주지 않는다.**

루키우스 세네카
(*Lucius Annaeus Seneca*, 철학자)

목표를 세우지 않는 것은 현재 내가 왜 일을 하는지, 더 나아가 왜 살고 있는지에 대한 물음에 답을 줄 수 없다. 다른 사람들의 말과 행동에 이끌려 다닌다면, 그것은 그들의 삶이지 나의 삶은 아니다. 내가 내 인생의 목표, 일에서 목표를 세우지 않는다면, 그 어떤 사람도 나의 목표를 세워주지 않는다.

성공하고 싶은가? 리더로써 한 조직을 이끌고 싶은가? 그럼 지금 당장 목표를 세우고 실천하라. 일하는 사람들에게 목표는 동기부여 이상의 힘을 주게 된다.

> **위대한 것을 성취하려면
> 행동뿐만 아니라 꿈도 꾸어야 하며,
> 계획을 세우는 것뿐만 아니라,
> 또한 그것을 믿어야 한다.**

아나톨 프랑스
(Anatole France, 소설가)

신념이 강한 사람이 성공한다는 말이 있다. 자신이 계획한 일에 대한 신념을 갖고 목표를 세우고 그것을 실천하는 행동을 했을 때 비로소 성공이라는 타이틀을 거머쥘 수 있다. 우선 자신이 생각한 것, 하는 일에 대해 믿어라. 자신을 믿는 자존감이야말로 모든 것의 첫걸음이다.

> **만약 당신이 어디로 가고 있는지 모른다면
> 결국 목표와 다른 곳에 있게 될 것이다.**

로렌스 피터
(Laurence J. Peter, 콜롬비아대 교수)

린 데이비스의 이야기이다.

"목표는 주의를 집중하는 것이다. 인간의 의식은 분명한 목적을 갖기 전에는 목표 달성을 향해 움직이지 않는다. 목표를 설정할 때 성공은 시작되는 것이다. 목표를 설정하는 순간 스위치가 켜지고 물이 흐르기 시작하고 성취하려는 힘이 현실화되는 것이다."

토머스 칼라일도 비슷한 이야기를 한다.

"목표가 확실한 사람은 아무리 거친 길이라도 앞으로 나갈 수 있다. 그러나 목표가 없는 사람은 아무리 좋은 길이라도 앞으로 나갈 수 없다."

> **당신의 목표를 고정시키는 것은
> 당신의 회사가 궤도에서 이탈하려는
> 기미가 보일 때 다시 제자리로
> 찾아가기 위해 필요한 것이다.**

마샬 디목
(Marshall E. Dimock, 행정학자)

목표는 도착점이다. 도착점을 알지 못하면 아무리 좋은 지도와 항해 도구가 있다 한들 표류할 수밖에 없다. 어떤 일을 하든지 최우선으로 목표를 세우는 것이 중요하다.

목표라는 것은 개인적으로나 조직에서나 아주 중요하다. 잘못된 방향으로 간다 하더라도 뚜렷한 목표가 있다면 그 목표를 향해 다시 방향조정을 할 수 있기 때문이다.

> **모든 조직은 완전하게 한 방향으로
> 정렬되어야 높은 성과를 얻을 수 있다.**

아서 존스
(Arthur W. Jones, 조직설계전문가)

조직에서 하나의 목표를 향해 나갈 수 있도록 구성원들을 규합하는 것이 리더의 역할이다. 더 나은 업무 능률 향상, 구성원 간의 친목 등 목표를 향해 모두가 한마음 한뜻이 되어 움직일 때, 보다 높은 성취와 만족감을 기대할 수 있다.

벤자민 디즈레일리가 이야기한다.
 "성공의 비결은 목표를 향해 시종일관하는 것이다. 한 가지 목표를 버리지 않고 지켜나간다면 반드시 싹이 틀 때가 온다. 사람이 성공하지 못하는 것은 처음부터 끝까지 한길로 나가지 않았기 때문이지 성공의 길이 험악해서가 아니다. 한마음 한뜻은 쇠를 뚫고 만물을 굴복시킬 수 있다."

> **행복, 부, 그리고 성공은
> 목표 설정에 따른 부산물이지
> 그것이 목표 자체가 될 수는 없다.**
>
> 데니스 웨이틀리
> *(Denis Waitley, 인간행동학 박사)*

왜 성공을 하려고 하는지? 왜 부자가 되려고 하는지? 진지하게 생각해 본 적이 있는가? 성공하거나 부자가 되면 진정으로 행복할까?

다음의 아주 유명한 일화가 그것을 말해준다.

한 미국인 관광객이 멕시코의 작은 어촌에 도착했다. 그는 마을의 어부가 잡은 크고 싱싱한 물고기를 보고 감탄했다. 그는 그걸 잡는데 얼마나 많은 시간과 노력이 들었냐고 물었다. 어부는 시간과 노력이 별로 들어가지 않는다고 말했다. 그러자 미국인 관광객은 어부에게 말했다.

"당신은 더 많은 물고기를 잡을 수 있는데, 왜 그러지 않습니까?"

"나는 몇 마리의 물고기면 충분해요. 이걸로 나와 우리 가족은 충분히 생활할 수 있습니다."

더 많은 물고기를 잡을 수 있지만, 어부는 별다른 노력을 하지 않고 있었다.

"그럼 남는 시간에 당신은 뭘 합니까?"

"늦잠 자고, 낚시질하고 애들이랑 놀다가 마누라하고 놀고, 또 낮잠 자고 밤에는 친구들과 술도 한잔 합니다. 기타치고 노래도 부르면서요."

미국인은 어부에게 자신을 하버드 MBA 출신이라 말하고 더 많은 시간과 노력을 투자해서 낚시하라고 충고했다. 더 많은 물고기를 잡으면 더 많은 수입이 생기고 그렇게 돈을 모으면 큰 배도 살 수 있다고 조언했다. 그렇게 해서 나중에는 수산회사도 세우고 이 작은 마을을 벗어나 멕시코시티나 뉴욕으로 이사도 갈 수 있다고 말했다.

미국인의 말을 듣고 있던 어부가 말했다.

"그렇게 되려면 얼마나 걸리죠?"

"한 20년이나 25년 정도요."

"그다음에는요?"

"당신 사업이 번창하면 당신은 주식을 팔아서 백만장자가 되는 겁니다."

"백만장자가 된 다음에는요?"

"음... 그렇게 되면 당신은 은퇴하고 바닷가가 있는 작은 마을에 살면서 늦잠도 자고 아이들이랑 놀고 낚시질도 하고 저녁에는 친구들이랑 술도 마시면서 노는 거죠!"

— 느린 삶이 더 좋은 다운시프트 中

행 동
Action

> 시작은 모든 작업에 있어
> 가장 중요한 부분이다.

플라톤
(Plato, 철학자)

> **당신이 어떤 희생을 치르더라도 피해야 하는
> 가장 큰 위험은 아무것도 하지 않는 것이다.**

데니스 웨이틀리
(Denis Waitley, 인간행동학 박사)

 아무리 싫은 일이라도 일단 시작하게 되면 자연스럽게 그 일의 흐름을 타게 되어 점차 몰입하게 된다. 그러면 나도 모르게 그 일이 좋아지게 된다.
 일단 시작하면 의욕이 생기게 된다. 그러나 시작도 하지 않으면 그 어떤 일도 성과를 낼 수 없다.
 일단 시작하라!
 그리고 그 일을 즐겨라!

> 고용에 대한 책임이 있는 사람들이
> 시작하기 전에 해야 할 정확한 방법을
> 결정하는 일을 효과적으로 한다면,
> 매일 되풀이되는 실수를 대부분 방지할 것이다.

로버트 할프
(Robert Half, 경영컨설턴트)

대부분의 사람이 자신의 목표를 결코 달성하지 못하는 이유는 목표를 명확하게 정의하지 않았거나, 그 목표를 이룰 수 있을 것이라는 믿음을 갖지 않았기 때문이다.

성공한 사람들은 자신이 어디로 가고 있는지 그 길을 가면서 무엇을 할 계획인지, 그 모험을 누구와 함께할 것인지 말할 수 있다. 생각했다면 바로 시작하라!

> **당신은 이미 있는 것들을 보고
> "왜?"라고 묻지만,
> 나는 결코 없었던 것을 꿈꾸며
> "왜 안돼?"라고 묻는다.**

조지 버나드쇼
(George Bernard Shaw, 극작가)

  인간이 현명해지는 것은 경험에 의해서가 아니라, 경험에 대처하는 능력에 따라서이다. 생각의 전환이라는 것은 오랜 경험과 통찰력에서 나온다. 누구에게나 처음이 있기 마련이고, 어떤 일을 시작하기 전에 두려움을 갖기 마련이다. 그러한 두려움을 떨쳐내고 "왜 해야 하지?"라고 생각하지 말고, "왜 안돼? 할 수 있어." 라는 긍정적인 생각으로 행동하라.
  자신이 가진 능력과 자질을 힘껏 발휘하라. 변화무쌍한 이 세계에서 살아남을 가장 튼튼한 기초 재산은 오로지 자기 스스로에 대한 믿음뿐이다.

앞으로 할 행동으로 명성을 쌓을 수는 없다.

헨리 포드
(Henry Ford, 기업가)

　먼저 베풀어도 당장 돌아오지 않을 때가 많다. 씨앗을 뿌리고 수확을 하려면 많은 시간이 걸리기 때문이다. 또한, 씨앗을 열 개 뿌렸다고 해서 열 그루 모두에게서 수확을 기대할 수 없다. 그렇지만 거두려면 먼저 뿌려야 한다.
　인간관계의 기본은 상대에게 이익을 주는 것이다. 무엇이든 심는 대로 거두는 것이다. 명성 역시 그러한 속성을 지니고 있다. 지금의 주어진 조건에서 열심히 일한다면 명성은 저절로 수확되는 열매와 같다.

　존 우든 감독은 다음과 같이 말한다.
　"명성보다는 자신의 인격에 관심을 둬라. 왜냐하면, 인격은 진정으로 내가 누구인지 말해주기 때문이다. 그러나 명성은 나에 대한 다른 사람들의 생각일 뿐이다."

> **리더들은 피하지도, 억제하지도,
> 충돌을 거부하지도 않는다.
> 다만 기회를 볼 뿐이다.**

워렌 베니스
(Warren Bennis, 하버드대 공공리더십센터 의장)

일하는 데 있어 애초에 계획한 대로 풀리는 일은 거의 없다. 그렇다고 해서 피하거나 두려워하거나 거부하면 안 된다. 나폴레옹은 전투에서 벌어질 수 있는 상황을 수백 가지를 예상하며 그에 대한 대비책을 세웠다.

삶이 종종 실망스럽고 우회로로 돌아가야 할 때 일지라도 결국 아이디어, 혁신, 기회의 문은 열리는 법이다. 힘든 시기가 없다면 새로운 아이디어는 발견되지 않는다. 그 힘든 시기를 지나야 비로소 성공을 맛볼 수 있다.

> **두려움 때문에 협상하지 마라.
> 그러나, 협상하는 것을 두려워하지 마라.**

존 F. 케네디
(John F. Kennedy, 미국 36대 대통령)

일이 잘못될 수 있다는 두려움 때문에 현실과 타협을 해서는 안 된다. 또한, 스스로의 마음속에 한계를 만들어 두지 말아야 한다. 부정적인 마음은 성공을 가로막는 주요 장애물이다. 성공한 사람들은 모두 그 두려움과 한계를 딛고 자신의 의지를 끝까지 관철한 사람들이다.

나폴레온 힐은 다음과 같이 이야기한다.
"두려움은 인간이 만들어낸 악마의 무기이다. 확신과 신념은 이러한 악마를 물리치고 성공적인 삶을 살아가기 위해 꼭 필요한 인간의 무기이다. 이 신념에는 위대한 힘이 있다. 신념은 좌절과 실패에 쉽게 무릎 꿇지 않는 자들을 지지하는 우주의 어쩔 수 없는 힘과 연결되는 고리이다."

> **할 수 없는 것은 없다. 단지 하지 않을 뿐이다.
> 자격을 갖추고 있는 사람이라면 성취할 것이고,
> 자격을 갖추지 않은 사람은 변화시키고자 하는 강렬
> 한 욕구만 가지고 있을 것이다.**

잔 애쉬포드
(Jan Ashford, 민권운동가)

무엇이 요구되든지 전진하고 후퇴하라! 당신은 다른 사람들과 사회를 비난해서는 안 된다. 모든 것은 당신 마음에서 나오는 것이기 때문이다. 우리는 불가능한 것을 성취했을 때 자신이 특별한 사람임을 깨닫게 된다.

칼 샌드버그는 이야기한다.
"내 안에는 하늘로 날아오르고 싶은 독수리가 한 마리 있고, 진창에서 뒹굴고 싶은 하마도 한 마리 있다. 성공의 비결은 뒹굴고 싶은 욕망보다 날아오르고 싶은 마음을 따르는 것이다. 그곳은 절대 끝나지 않은 투쟁이다."

성공자들은 게으름과 무지와 싸우며 한 걸음 한 걸음 힘겹게 나아갔다는 사실을 명심하라.

> **스스로 꿈을 이루는 방향으로 자신감있게 나아가며
> 자신이 꿈꾸던 삶을 살고자 노력한다면,
> 뜻하지 않은 시간에 뜻밖의 성공을 이루게 된다.**

헨리 데이비드 소로우
(Henry David Thoreau, 문학가)

제프리 폭스는 장애물은 성공으로 가기 위한 기회라고 말했다. "사람들은 헤아릴 수 없이 많은 방식으로 '아니오!'라고 말할 것이다. 100개의 문을 두드렸는데 모두가 '아니오'라고 말한다 해도 101번째 문 앞에 섰을 때는 첫 번째 문을 두드렸을 때와 똑같이 열정적이어야 한다. 기회는 101번째 문에서 찾아올지도 모르기 때문이다."

계속되는 고난과 실패를 인내하고 극복할 때 비로소 성공이라는 달콤한 열매가 맺히게 된다. 성공의 과정에는 항상 고통이 따른다는 것을 잊지 말아야 한다.

당신이 할 수 있는 것 이상의 약속을 하지 마라.

퍼블리어스 사이러스
(Publilius Syrus, 극작가)

우리는 종종 우리 능력 이상의 것을 너무나도 쉽게 약속한다. 일이 잘못될까 봐 두려워서 다른 사람이 나를 어떻게 바라볼 것인지 두려워서 이런 거짓된 약속들을 하고 만다. 좀 더 자기 자신에게 솔직해져라.

일하는 데 있어 솔직함 이상의 것은 없다. 자신의 능력을 정확하게 파악하고 할 수 있는 것만 하는 것이 자기 일을 하는 데 있어서나 나아가 조직을 위해서나 더욱 올바른 일이다.

자신의 능력을 절대 과대평가하지 마라. 자기 자신에게는 냉정하고 다른 사람에게는 관대해질 필요가 있다.

> **행운은 기회를 만나기 위해
> 열심히 준비한 사람에게만 돌아간다.**

오프라 윈프리
(Oprah Winfrey, 방송인)

　오프라 윈프리의 십계명
1. 남들의 호감을 얻으려 애쓰지 말라.
2. 앞으로 나아가기 위해 외적인 것에 의존하지 말라.
3. 일과 삶을 최대한 조화를 이루도록 노력하라.
4. 주변에 험담하는 사람들을 멀리하라.
5. 다른 사람들에게 친절히 해라.
6. 중독된 것들을 끊어라.
7. 당신에 버금가거나 당신보다 나은 사람들로 주위를 채워라.
8. 돈 때문에 하는 일이 아니라면 돈 생각은 아예 잊어라.
9. 당신의 권한을 다른 사람에게 넘겨주지 말라.
10. 포기하지 말아라.

　열심히 준비하다 보면 행운도 따라온다.

그 일을 할 수 있고, 반드시 해내야 된다고 하면
우리는 방법을 찾을 수 있다.

아브라함 링컨
(Abraham Lincoln, 미국 16대 대통령)

샘 E. 로버츠가 이야기한다.

"사람이 한 번 굳게 결심하면 아무도 그를 막을 수 없다. 의지가 굳은 사람에겐 방법이 따라온다."

의지가 강한 사람에게는 고난은 자신을 단련시키는 기회이다. 역사를 만들어가는 사람들은 모두 이러한 고난을 이겨내고 자신의 의지를 관철한 사람들이다.

> **자신을 움직이는 자가 세계를 움직일 것이다.**

소크라테스
(*Socrates*, 철학자)

성공자들의 공통적인 요인 중의 하나는 자신과의 싸움에서 승리한 사람들이라는 사실이다. 자칫 게을러질 수 있는 나태함과 싸우고, 적당히 현실과 타협하는 자세와 싸우고, 자신의 의지를 끝까지 지키기 위해 자기 자신과 끊임없이 싸운 결과이다. 자기 자신을 통제할 수 있을 때 다른 사람을 통제할 수 있다. 끊임없이 내 안의 부정적인 생각과 나태함과 싸워 이겨 나가라.

워렌 베니스는 이야기한다.

"자기를 경영할 줄 모르는 리더는 무면허 의사와 같다. 사람들의 삶을 아주 엉망으로 만들 수 있다는 점에서 둘은 닮았다. 무면허 의사처럼 엉터리가 되고 싶지 않다면, 내적 성찰에 귀 기울여야 한다."

너 자신을 알라! 그리고 자신을 경영하라!
이것이 리더십의 시작이다.

" 시기적절한 아이디어보다 더 강력한 힘은 없다. "

빅토르 위고
(Victor Hugo, 작가)

전 뉴욕 시장 루디 줄리아니는 이야기한다.

"의사결정의 가장 중요한 요소 중 하나는 내용이 아니라 시점을 판단하는 것이다. 나는 아무리 오래 걸리더라도 마지막 순간이 올 때까지는 마음을 정하지 않는다. 중요한 결정을 내리기 전에는 반드시 모든 대안의 결과를 상상해 본다. 필요하다면 도중에 몇 번이라도 마음을 바꾼다."

신속한 의사결정이 중요할 수 있다. 그러나, 그 의사결정의 시기가 조금 빠르거나 늦어져서 예상했던 것과 다른 결과를 가져올 수 있다. 의사결정은 항상 신중하게, 그러나 행동은 빠르게 하는 것이 리더의 모습이라 할 수 있다.

Quotes on Leadership and Business : Action

> **현명한 자라면 찾아낸 기회보다
> 더 많은 기회를 만들 것이다.**

프랜시스 베이컨
(Francis Bacon, 철학자)

흔히 기회는 준비된 자들에게 찾아온다고 한다. 준비가 되지 않은 사람에게는 그것이 기회인지도 모르고 지나쳐버린다. 또한, 준비된 사람들은 기회를 기다리고 있지만은 않다. 기회는 적극적으로 만들어 가는 것이다. 준비라는 것은 결국 인간과 사물에 대한 관심에서 온다.

시키는 일만 해서는 창의적으로 일할 수 없고, 그날그날의 목표치만 채우려 해서는 나와 주변에 어떤 일들이 생기는지 둘러볼 여유조차 생기지 않는다. 나와 주변에 늘 관심을 두고 사물을 바라보는 통찰력을 키우다 보면 예전에는 보이지 않던 것들이 보이게 된다.

> **삶의 품질은 자신이 선택한 분야에 상관없이
> 노력하는 것에 정비례한다.**
>
> 빈스 롬바르디
> *(Vince Lombardi, 미식축구 감독)*

계속해서 빈스 롬바르디가 리더십에 관해 얘기한다.

"승리는 언젠가 얻는 것이 아니다. 가끔 승리해서도 안 되고, 가끔 제대로 해서도 안 된다. 항상 제대로 해야 한다는 뜻이다. 승리는 습관이 되며, 유감스럽게도 패배 역시 그러하다. 리더는 태어나지 않는다. 단지 만들어질 뿐이다."

> **당신이 지금 옳은 길에 서 있다 해도,
> 그냥 앉아 있다면 차에 치일 수도 있다.**

윌 로저스
(Will Rogers, 방송인)

맞는 길로 가는 것일지라도 노력하지 않는다면 문제가 풀리지 않고 꿈도 이룰 수 없다. 꿈을 향해 목표를 향해 나아가려 한다면, 지금 당장 행동해야 한다. 생각만 한다면 꿈은 꿈으로 끝나버리고, 목표는 보드에 적어놓은 글귀로 끝나버릴 것이다.

과 정
Process

> 이 세상에서 가장 중요한 것은
> 어느 곳에 있는가가 아니고
> 어느 방향으로 가고 있느냐에 있다.

올리버 웬델 홈즈
(Oliver Wendell Holmes, 의사, 수필가)

> **우리는 때때로 바람을 따라 항해해야 하고,
> 혹은 바람을 거슬러야 한다.
> 하지만, 우리는 계속 항해해야 하며,
> 표류하거나 정박해서는 안 된다.**

올리버 웬델 홈즈
(Oliver Wendell Holmes, 의사, 수필가)

이 세상에서 가장 중요한 것은 어느 곳에 있는가가 아니고 어느 방향으로 가고 있느냐에 있다. 자신이 현재 어떤 상황에 있다 하더라도 지향하는 방향으로 확실하게 키를 잡고 있는 것이 중요하다.

왜냐하면, 나아가려는 방향으로 정확하게 잡고 있기만 하면, 설령 천천히 가더라도 배는 도착하고자 하는 지점으로 움직이기 때문이다. 그러나, 목표를 잃고 표류하거나, 정박한다면 결코 도착점에 이를 수 없을 것이다. 그러므로 아무리 작은 배라 하더라도 움직임으로써 물의 흐름을 바꿀 수만 있다면 결국에는 더 큰 배도 움직일 수 있게 된다.

아무리 자그마한 노력이라도 가고자 하는 방향에 맞추어 어제보다 나은 오늘을 살아가는 데 집중하면 이윽고 원하는 목표에 다다를 수 있다.

> **의식적인 노력으로
> 자신의 삶을 높일 능력이 있다는 것보다
> 더 용기를 주는 사실은 없다.**

헨리 데이비드 소로우
(Henry David Thoreau, 소설가)

우리 모두에게는 각자의 재능이 있다. 이 재능을 어떻게 사용하느냐에 따라 자신의 삶을 행복하게 살 수도, 불행하게 살 수도 있다. 많은 성공자의 이야기에서 공통적인 특징은 자신의 재능을 빨리 발견하고, 그 재능을 빛나게 하려고 부단한 노력을 했다는 것이다.

"천재는 1%의 영감과 99%의 노력으로 만들어진다."고 에디슨이 이야기한다. 현재 내 삶에 만족하지 않는다면, 끊임없이 노력하여 자신의 삶을 바꿀 수 있다는 확신을 해야 한다.

> **격려하는 것은
> 비참한 실패를 잊어버리는 데 불과하지만,
> 그 결과 훨씬 앞서나간다.**

베네트 서프
(Bennett Cerf, 기업가)

실패한 사람을 진심으로 위로한다면, 그 사람은 그 위로와 격려로 다시 힘을 얻어 성공할 수 있는 희망을 품게 된다. 이는 나 자신의 실패에도 해당한다.

"실패는 성공의 어머니이다."

"실패하거나 바닥으로 떨어지지 않으려고 한다면 당신은 절대 날아오를 수 없다."는 명언을 기억하라.

> ❝
> 기회는 보통 어려운 일로 변장하고 있어서
> 대부분의 사람들은 그것을 알아보지 못한다.
> ❞
>
> 앤 랜더스
> *(Ann Landers, 칼럼니스트)*

로버트 슐러 목사의 명언들이 그 뜻을 같이한다.

"모든 장애물이 곧 기회라는 것을 명심하고 기회를 찾자."
"일단 기회라고 생각되면 그 기회를 활용하자."
"문제를 무리하게 해결하려 하지 마라."
"성공에 대해서 서두르지 않고, 교만하지 않고, 쉬지 않고, 포기하지 않는다."
"성공을 확신하는 것이 성공으로의 첫걸음이다."

> **뛰어난 실적을 지닌 사람들을 격려하는
> 가장 좋은 방법은 당신이 하는 모든 일에
> 진심으로 그들을 지원하고 일상적인 태도로
> 그들을 설득하는 것이다.**

해롤드 제닌
(Harold S. Geneen, 기업인)

미국의 성공한 사업가 중 하나인 록펠러는 다음과 같이 칭찬에 관해 이야기한다.

"직원의 재능을 충분히 발휘하게 만드는 방법은 칭찬과 격려다. 한 사람의 열정과 꿈을 짓밟는 가장 확실한 방법은 비난과 추궁이다. 성공한 관리자는 칭찬의 기술을 배워야 한다."

> **다른 사람을 설득하기 가장 좋은 방법 중 하나는 그들의 말을 듣는 것이다.**

딘 러스크
(Dean Rusk, 정치가)

누군가를 설득하여 마음을 열고자 한다면, 자기주장만 할 것이 아니라 상대방이 말하는 것을 끝까지 듣는 자세가 필요하다. 그저 귀로만 듣는 것이 아니라 눈과 마음을 열어 정성을 다해 들어야 한다.

경청이 중요한 이유는 상대방의 의도를 명확하게 파악하는 데 도움이 될 뿐만 아니라, 그 사람의 마음마저 얻을 방법이기도 하다.

> **우리는 흔히, 듣는 사람이 없어서
> 매우 정교한 의사소통에 어려움을 겪는다.**

에르마 봄벡
(*Erma Bombeck, 작가*)

짐 퀴글리는 이야기한다.

"많은 경우 당신이 무엇을 말해야 할지 알 때보다 무엇을 물어야 할지 알 때 더 큰 영향력을 행사할 수 있다. 자신이 말하는 동안에는 아무것도 배울 수 없다. 나는 남의 이야기를 들으면서 많은 것을 배웠다."

뛰어난 협상가는 더 많은 시간을 들여 상대방의 관점을 이해하려 한다. 상대방이 이야기할 때는 그다음 내가 무엇을 말할지를 생각하는 것이 아니라 상대방의 이야기를 잘 듣고 이해해야 한다.

> **❝**
> 세일즈맨들에게 이런 조언을 한다.
> 당신이 만나는 모든 사람마다
> "나는 정말 중요한 사람이에요."라고
> 느낄 수 있게 해라. 그러면 일의 성공은 물론
> 당신의 인생도 성공할 것이다.
> **❞**
>
> 메리 케이 애시
> (Mary Kay Ash, 기업가)

레이먼드 조는 이야기한다.

"당신을 증명하는 것은 당신의 육체도 능력도 아니다. 나와 관계 맺는 사람들이 나를 증명해준다. 이것이 우리가 주위 사람들을 사랑하고 그들과 상생해야 하는 이유이다. 우리의 몸 속에 사람을 사랑하라고 프로그래밍 되어 있다. 그 위대한 명령을 따르는 게 순리이고 인생이다.

사람은 사람 없이 못 살고, 사랑 없이도 못 산다. 남을 미워하고 이용하는 짓은 인간이기를 포기한 행동이다. 그 순간부터 원숭이로 돌아가는 것이다. 인간의 과업은 타인과 관계를 맺고 사랑을 주고받는 것이다."

다른 사람을 도우며 그 사람이 당신에게 소중한 존재라고 생각하게 한다면 당신은 이미 성공한 사람이다.

> **누군가에게 책임을 맡기고
> 그를 신뢰한다는 사실을 알게 하는 것만큼
> 한 사람을 성장시키는 일은 없다.**

부커 워싱턴
(Booker T. Washington, 교육자)

랄프 왈도 에머슨은 이야기한다.

"상대를 믿어라. 그러면 그들도 우리를 진실하게 대할 것이다. 상대가 위대한 사람인 것처럼 대우하라. 그러면 그들 자신이 위대한 사람이라는 사실을 입증할 것이다."

리더가 믿음을 갖고 조직원들을 대할 때 조직원들 자신도 자신을 믿게 되고, 그 믿음대로 성장해나가게 된다. 조금 미덥지 않더라도 믿음을 갖고 꾸준하게 대한다면 언젠가 당신의 믿음에 보답할 것이다.

Quotes on Leadership and Business : Process

> **일을 처리함에 있어 사용 가능한 시간만큼
> 일을 처리하는 시간이 증가되기 마련이다.**

시릴 노스코트 파킨슨
(Cyril Northcote Parkinson, 역사학자, 경영연구가)

  기한 안에 작업을 서둘러 끝낼 수 있으나, 그렇지 않으려고 작업을 질질 끄는 것은 시간을 낭비하는 일이다.
  성공은 목표까지 능력을 끌어올린 결과이고, 실패는 능력에 맞춰 목표를 낮춘 결과이다. 대부분의 사람이 시간은 늘 넘쳐난다고 생각한다. 지금 할 일을 내일로 미루고, 계속 미루다 결국 실패하는 경우도 있다. 목표는 최대한 높게 설정하고, 시간 역시 최대한 짧게 설정하여 그 일을 하는 사람이 쉽게 지치지 않고 몰입해서 그 결과를 이루어 낼 수 있게 해야 한다. 직원들이 빨리 성과를 못 낸다고 하는 것은 리더가 느슨한 목표와 너무 많은 시간을 주었기 때문이 아닌지 다시 점검해 보아야 한다.

> 같은 일에 두 사람이 모든 시간을 동의하는 경우
> 하나는 쓸모 없다.
> 만약 모든 시간을 동의하지 않을 경우에는
> 둘 다 쓸모 없다.

대릴 자눅
(Darryl F. Zanuck, 기업가)

알리바바의 회장 마윈은 이야기한다.

"90%가 찬성하는 방안이 있다면 나는 반드시 그것을 쓰레기통에 갖다 버린다. 이렇게 많은 사람이 좋다는 계획이라면 분명 많은 사람이 시도했을 것이고, 그 기회는 우리 것이 아니기 때문이다."

많은 사람의 의견에 따라야 할 때도 있지만, 다른 사람들과 다른 생각으로 나아갈 때 통찰력과 용기가 의외의 성과를 가져올 수 있다. 리더는 다른 사람의 의견은 존중하되 따라가서는 안 된다.

> **당신의 목표를 이루기 위해
> 다른 사람들에게 당신의 의견을 강요하지 마라.**

아비 호프만
(Abbie Hoffman, 사회운동가)

길버트 아멜리오는 이야기한다.

"뛰어난 의사전달방법의 개발은 유능한 리더십에서 절대적으로 필요한 것이다. 리더는 자기 생각과 아이디어가 다른 사람에게 긴박감과 함께 열정을 줄 수 있도록 해야 한다. 만일 메시지를 분명히 전달하여 동기를 주지 못한다면 메시지를 갖고 있다는 것은 아무런 소용없는 것이다."

리더가 조직을 이끌어가기 위해서는 의사소통이 가장 중요하다. 소통은 일방적인 것이 아니라 상호 교환이다. 자신만의 생각을 강요해서는 결코 조직이 움직이지 않는다.

> **우리가 직면한 중대한 문제들은
> 처음 문제가 만들어졌던 때의 사고방식으로는
> 그 문제를 풀 수 없다.**

알버트 아인슈타인
(Albert Einstein, 물리학자)

〈Creative Thinking〉의 저자 로저 본 외흐는 이렇게 이야기한다.

"예술, 요리, 의약, 농사, 공학, 마케팅, 정치, 교육 디자인에서 발전이 있었던 것은 대부분 누군가가 기존의 규칙에 반발해 다른 시도를 했을 때였다. 편안함에 길들어 제자리걸음을 하고 싶지 않다면 계속 질문하고 기존의 틀에 도전하자. 기존 질서에서 벗어나는 것이 위대한 창조의 첫걸음이다."

당연하다고 생각하는 순간, 발전은 없고 어떤 문제점도 해결할 수 없다. 통찰력이란 저절로 얻어지는 것이 아니다. 끊임없이 나를 부정하고 거듭나야만 성장할 수 있다는 것을 명심해야 한다.

> "
> 수년에 걸쳐,
> 많은 임원들이 자부심을 갖고 나에게 말했다.
> "나는 어떤 휴가도 가지 않고
> 작년에 아주 열심히 일했습니다."
> 이 말은 나에게
> "나는 8천만달러 프로젝트에 대한
> 책임은 질 수 있지만,
> 가족을 위해서는
> 일년 중 단 2주의 계획도 할 수 없다."
> 는 말처럼 들린다.
> "

리 아이아코카
(Lee Iacocca, 기업가)

> 어떤 것은 바쁘게 일하는 것과
> 생산적인 일을 하는 것을 구별할 수 없다.
> 다람쥐 쳇바퀴 돌듯이 직장에서 열심히 일하지만,
> 사실은 아주 조금 성취를 할 뿐이다.

캐롤라인 도넬리
(Caroline Donnelly, 메이크업 아티스트)

성공한 많은 사람이 일도 중요하지만, 가장 중요한 것은 가족이라고 이야기한다. 흔히 성공하기 위해 가정도 친구도 포기하고 일에 몰두하는 사람들을 많이 볼 수 있다. 그러나, 왜 성공을 해야 하는지에 대한 이유가 무엇인지 자기 자신은 알 것이다.

지금이 아니면 지나치는 것들이 많이 있다. 바로 지금 당신의 가정을 먼저 보살펴라. 당신이 살아가는 이유이며, 당신이 성공하기 위해 밤낮으로 열심히 일하는 이유이기 때문이다.

Quotes on Leadership and Business : Process

> **똑바로 일하는 사람을 잡아라!
> 그런 다음에 모든 사람들에게 말해라!**

케네스 블랜차드
(Kenneth Blanchard, 기업인)

과정을 칭찬하라. 잘한 일을 알아야 하고, 만일 정확하고 올바르게 처리하지 못한 일이라면 그 과정을 칭찬해야 한다. 그런 방법으로 성공을 준비시키고, 성공을 시작해 나가야 한다. 리더란 그 구성원들 모두 성공할 수 있도록 보좌해주는 존재이다. 그런 리더가 되라.

메리케이 애시 회장은 이렇게 말한다.
"세상에서 황금과 사랑보다 인간에게 더 필요한 두 가지는 인정과 칭찬이다."

> **어떤 일이 일어나기 전에 준비하는 것이
> 성공의 비결이다.**
>
> 헨리 포드
> *(Henry Ford, 기업가)*

도브 프로만은 이야기한다.

"자유 시간이 없는 리더는 당장 눈앞의 이슈를 해결하는 데만 몰입하게 된다. 리더는 비생산적인 활동에도 상당 시간을 투자할 필요가 있다. 내 비즈니스 경력에서 거의 모든 중요한 결정은 몽상의 결과물이었다. 처음에는 몽상하면 그저 여러 가지 엉뚱한 생각이 서로 엉켜서 혼란스러웠지만, 점차 이상하게도 그런 몽상은 복잡하고 풀기 어려운 일을 해결하는 실마리를 제시해주었다."

항상 어떤 일을 하든지 만반의 준비를 한다는 것은 거의 불가능하다. 그러나 그런 준비조차 하지 않는다면 실패를 준비하는 것과 같다.

> **당신이 열심히 일하는 동안 배우지 않으면,
> 당신은 더 나은 보상을 받을 수 없을 것이다.**

나폴레온 힐
(Napoleon Hill, 작가)

필립스 브룩스는 〈철학자의 스크랩북〉을 통해 이렇게 이야기한다. "만족이 곧 불행이다. 자신이 현재 사는 삶에, 자신이 현재 생각하는 사고에 그리고 자신이 현재 하는 행동에 절대적으로 만족하는 순간들은 누구에게나 불행이다. 그때엔 더 큰 것을 이루고자 하는 욕망이 영혼의 문을 두드리지 않기 때문이다."

현재의 성취에 만족하고 안주한다면, 더 나은 미래는 없으며, 더 높은 성취를 얻어낼 수 없다.

> 성공이란 인생에서 도달한 지위가 아니라
> 성공하기 위해 노력하는 과정에서
> 극복해 낸 장애물을 기준으로
> 판단해야 한다는 것을 깨달았다.

부커 워싱턴
(Booker T. Washington, 교육자)

로버트 그린은 이야기한다.

"우리 인간은 세상에 태어남과 동시에 씨앗 하나가 심어진다. 그 씨앗은 바로 당신만의 독특한 고유성이다. 우리 인생의 과업은 그 씨앗을 키워 꽃을 피우는 것, 즉 일을 통해 자신만이 고유성을 표현하는 것이다. 그 씨앗은 '당신을 흥미롭게 하는 것', '열정을 갖게 하는 것', '당신이 진정 좋아하는 것', '당신을 남과 다르게 만드는 그것'이다. 배우고 익힐수록 더 배우고 싶다는 강한 열망이 드는 분야가 본성에 맞는 분야이다. 그 분야에서 달인이 되는 데 1만 시간이 필요하고 마스터가 되는데 2만 시간의 수련이 필요하다. 신이 내린 천재는 없다. 누구나 그 분야를 찾아 2만 시간의 수련기를 거치면 그 분야의 천재가 된다."

성공을 원한다면 그 성공을 위해 지금 노력하라. 가만히 있으면 성공은 다가오지 않는다.

> **어려운 상황에서도
> 최고의 능력을 발휘하는 사람이 진정한 프로다.**

엘리스테어 쿠크
(Alistair Cooke, 방송기자)

　조직이 위기에 직면했을 때 조직원이 혼란스러운 상황을 탈출하기 위해 신뢰할 수 있는 존재가 바로 리더이다.

　조지 마샬 장군은 다음과 같이 이야기한다.
　"진정 위대한 지휘관은 모든 난관을 극복해야 함을 기억하라. 전투는 단지 극복되어야 하는 어려움의 연속일 뿐이다. 장비부족, 식량부족 등 무엇 무엇이 부족하다는 말은 변명에 지나지 않는다. 어떠한 역경 속에서도 승리함으로써 자기 능력을 드러내는 것이야말로 진정한 리더이다."

> **일을 즐기면 일의 완성도가 높아진다.**

아리스토텔레스
(Aristotle, 철학자)

브라이언 트레이시는 이렇게 이야기한다.

"당신이 너무나도 하고 싶은 일을 하기 시작하는 순간, 당신의 인생에서 '일'이라는 것은 더는 존재하지 않게 된다."

미국 시카고 대학에서 그들이 배출한 노벨상 수상자들에게 "어떻게 하면 당신처럼 창조적 성과를 낼 수 있습니까?"라고 묻자 그들은 이구동성으로 한 가지 답을 했다.

"좋아하는 일을 하라. (Do what you love.)"

> **문제가 무엇인지 알면 반은 이미 해결한 것이다.**

찰스 캐더링
(Charles F. Kettering, 과학자)

"적을 알고 나를 알면 백전백승"이라는 손자의 말도 있다.

 이는 어떤 문제이든 정의하는 순간 핵심 문제에 접근하는 지름길이라는 말이다. 문제를 어떻게 정의하는가가 매우 중요하다. 정확한 정의가 명확한 해결 방안을 낳는다. 거꾸로 문제를 알지 못한다면 어떤 해답도 얻을 수 없다는 것을 깨달아야 한다.

> **열심히 일하는 것이 성공의 비결이라고 하면,
> 대부분의 사람들은 오히려 일하지 않는다.**

클라우드 맥도널드
(Claude Mc Donald, 장군)

성공한 사람들은 저마다의 특징이 있다. 그러나 그들은 공통으로 부지런하고, 적극적이고, 진취적이며 모든 일에 긍정적이다.

무작정 열심히 일만 해서는 결코 성공할 수 없다. 성공자들의 방법 중에서 내가 잘할 수 있는 것을 먼저 파악한 후에 나에게 맞는 방법으로 차근차근 따라가야 한다. 방법도 모른 채 열심히 일만 하는 것은 지도와 나침반도 없이 항해하는 배와 같다.

> **가장 만족스러웠던 날을 생각해 보라.
> 그날은 아무것도 하지 않고
> 편히 쉬기만 한 날이 아니라,
> 할 일이 태산이었는데도
> 결국은 그것을 모두 해낸 날이다.**

마가렛 대처
(Margaret Thatcher, 前 영국수상)

마가렛 대처의 또 다른 명언이다.

"1페니도 하늘에서 그냥 떨어지지 않는다. 스스로 벌지 않으면 얻을 수 없다. 결국, 운명을 바꾸는 것은 생각이다. 뒤집어 말하면 무슨 생각을 하느냐에 따라서 사람의 운명이 결정된다. 습관을 조심해라! 운명이 된다."

시드니 하워드는 이야기한다.

"자기가 원하는 일을 위해 무엇을 포기해야 할지 아는 것은 그 일을 성취하기 위해 해야 할 일 중 절반을 아는 것이다."

> **주위 사람들이 하나같이 기대에 못 미친다면,
> 자신의 기대치가 너무 높은 것은 아닌지
> 먼저 확인해야 한다.**

빌 렘리
(Bill Lemley, 교육자)

상대방을 조금 더 배려하고 함께 성공하고자 하는 마음이 있어야 주변을 돌아볼 수 있는 마음의 여유가 생기기 마련이다. 상대방을 믿어주고 당신이 기대한 만큼 성장하지 못한다고 해서 상대방을 비난해서는 안 된다. 믿음을 갖고 꾸준하게 대한다면 언젠가는 당신의 기대에 부응할 날이 올 것이다.

> **자그마한 어떤 것도 지나치지 말고
> 가능한 모든 것을 살펴라.**

교황 요한 23세
(Pope John XXIII)

도요타의 기술자 타이이치 오노의 말이다.

"다섯 번은 왜라고 물어라. 대다수 사람이 다섯 번의 왜라는 순차적 탐색 방법을 이용할 때 답을 쉽게 찾아낼 수 있다. 도요타 직원들은 아래와 같이 다섯 번을 묻는다.

첫째, 왜 그런가?
둘째, 이 정도로 괜찮은가?
셋째, 무언가 빠뜨린 것은 없는가?
넷째, 당연하게 생각하는 것들이 정말 당연한가?
다섯째, 좀 더 좋은 다른 방법은 없는가?"

어떠한 일도 완벽한 것은 없다. 가능한 모든 것을 살펴보는 자세가 중요하다.

> **성공의 비결이 있다면,
> 다른 사람의 관점으로 보고,
> 되도록 그 사람의 각도에서 볼뿐만 아니라
> 자신의 일을 볼 수 있는 능력에 있다.**

헨리 포드
(Henry Ford, 기업가)

괴테가 이야기한다.

"타인의 마음을 이해하는 일에는 요령이 있다. 누구를 대하든 자신이 아랫사람이 되는 것이다. 그러면 저절로 자세가 겸손해지고, 이로써 상대에게 좋은 인상을 안겨준다. 그리고 상대는 마음을 연다."

레이먼드 조는 이야기한다.

"관계란 자신이 한 만큼 돌아온다. 먼저 관심을 두고, 먼저 다가가고, 먼저 공감하고, 먼저 칭찬하고, 먼저 웃으면, 그 따뜻한 것들이 나에게 돌아온다."

다른 사람의 처지에서 생각한다면, 일은 생각보다 쉽게 풀릴 수 있다.

가장 불만에 가득 찬 고객은
가장 위대한 배움의 원천이다.

빌 게이츠
(Bill Gates, 기업가)

장샤오형은 〈인생의 품격〉에서 이야기한다.

"나를 반대하는 사람은 성공을 돕는 한쪽 손이다. 반대자의 공로는 누구도 대신할 수 없다. 반대하는 사람이 없으면 위대한 일을 이룰 수 없다. 지난날을 돌이켰을 때 가장 감사해야 할 사람은 당신을 반대한 사람이고, 당신이 가장 용서해야 할 사람도 반대자이다."

> **협력은 모두가 도착하지 않는 한
> 어느 누구도 얻을 수 없는 철저한 신념이다.**

버지니아 버든
(Virginia Burden, 작가)

인디언 속담에 이런 말이 있다.
*"빨리 가려거든 혼자 가라.
멀리 가려거든 함께 가라.
빨리 가려거든 직선으로 가라.
멀리 가려거든 곡선으로 가라.
외나무가 되려거든 혼자 서라.
푸른 숲이 되려거든 함께 서라."*

인생은 혼자서 빨리 가는 것이 아니다. 사람을 한자로 나타내는 "人"에도 서로 기대어 있는 사람 두 명이 있다.

> **모두가 같은 음을 낸다면 화음을 이룰 수 없다.
> 하모니는 서로 다름에서 나온다.**

더그 플로이드
(Doug Floyd, 편집자)

피터 드러커는 이야기한다.

"경영은 의사결정의 종합예술이다. 의사결정의 첫 번째 규칙은 반대의견 없이 결정을 내려서는 안 된다는 것이다. 경영자는 칭찬받으면 좋은 결정을 내리지 못한다."

비판은 뒤에는 거슬리지만, 자신의 부족함을 깨닫고 단점을 고쳐주고, 올바른 의사결정을 하는 데 큰 역할을 한다. 비판을 즐기는 리더가 되어라.

> **우리가 가진 대부분의 문제점은
> 비판을 받을 때보다
> 칭찬에 의해 엉망이 될 것이다.**

노먼 빈센트 필
(Norman Vincent Peale, 목사)

니체가 이야기한다.

"곰팡이는 통풍이 되지 않는 곳에서 자라고 번식한다. 비판이라는 바람이 불어오지 않는 폐쇄적인 곳에서는 반드시 부패와 추락이 태어나 거침없이 자란다. 비판은 깊은 의심에서 나온 심술이나 고약한 의견 따위가 아니다. 비판은 바람이다. 이마를 시원하게 식히기도, 눅눅한 곳을 건조하기도 하여 나쁜 균의 번식을 억제하는 역할을 한다. 그렇기에 비판은 쉼 없이 들을수록 좋다."

리더라면 칭찬뿐만 아니라 비판도 수용할 줄 알아야 한다. 모든 조직원의 생각이 일치할 수는 없다. 반대의 의견에도 항상 귀를 기울여 올바른 방향으로 가야만 한다.

> **노력보다 성공이 먼저 나오는 곳은
> 사전 밖에 없다.**
>
> 빈스 롬바르디
> *(Vince Lombardi, 미식축구 감독)*

성공은 단순하다. 적절한 시간에 올바른 일을 올바른 방법으로 하는 것이다. 올바른 지도자는 신용을 공유하는 것보다 비난을 조금 더 공유한다. 리더십을 테스트하는 것 중 하나는 비상이 되기 전에 문제를 인식할 수 있는 능력이다.

철학자 알랭은 이야기한다.
"다리를 움직이지 않고는 좁은 도랑도 건널 수 없다. 소원과 목적이 있되 노력이 따르지 않으면, 아무리 환경이 좋아도 소용이 없다. 비록 재주가 뛰어나지 못하더라도 꾸준히 노력하는 사람은 반드시 성공을 거두게 된다."

노력을 이기는 천재는 없다.

결 과
Result

"
성공의 비결은 초지일관에 있다.
"

벤자민 디스레일리
(Benjamin Disraeli, 정치학자)

> **위험을 수용함으로써
> 당신은 이제까지 당신이 할 수 있다고
> 생각했던 것보다 더 많은 것을 성취할 것이다.
> 이 과정에서 당신은 끊임없는 도전과 보상,
> 당신을 젊어지게 하는 흥미진진한 모험에
> 당신의 삶은 변화될 것이다.**

로버트 크리겔 & 루이스 패틀
(Robert J. Kriegel and Louis Patler, 작가)

체스터 필드는 이야기한다.

"*목표를 끝까지 관철하고 말겠다는 집념은, 기개가 있는 자의 정신을 단단히 바치고 있는 기둥이며 성공의 최대 조건이다. 이것이 없다면 아무리 천재라고 할지라도 이리저리 방황하게 되고 헛되이 에너지를 소비할 뿐이다.*"

처음에 결심한 그대로 목표를 향해 끊임없이 정진하다 보면 성공이 눈앞에 나타난다. 작심삼일도 10번을 하면 한 달이 된다.

> **훌륭한 명성을 얻는 방법은 자신이
> 드러내고자 하는 모습이 되도록 노력하는 것이다.**

소크라테스
(Socrates, 철학자)

계속해서 소크라테스는 이야기한다.

"당신이 가질 수 있는 보물 중 좋은 평판을 최고의 보물로 생각하라. 명성은 불과 같아서 일단 불을 붙이면 그 불꽃을 유지하기가 비교적 쉽지만, 꺼뜨리고 나면 불꽃을 살리기가 어렵기 때문이다. 좋은 평판을 쌓는 방법은 당신이 보여주고 싶은 모습을 갖추기 위해 노력하는 것이다."

리더는 자신을 낮추어 다른 사람을 치켜세움으로써 자신을 드러내는 존재이다. 자신이 목표한 바를 향해 노력하고, 그 사람처럼 되기 위해 노력하다 보면 자연스럽게 명성도 따라올 것이다.

> **성공은 자연연소의 결과가 아니다.
> 먼저 자기 자신에게 불을 지펴야 한다.**

아놀드 글래소우
(Arnold H. Glasow, 재담가)

석유부호인 해럴드슨 헌트는 이야기한다.
"성공의 비결? 두 가지만 있으면 된다.
첫째, 자기가 원하는 게 뭔지 명확히 결정하는 것이다. 대다수 사람은 늘 어정쩡하다.
둘째, 그것을 얻기 위해 치러야 할 대가를 정하고, 그 대가를 치러야겠다고 결심하는 것이다."

결과를 바라는 마음이 절실하면 그 결과에 도달할 수 있다.

> **성취는 우리의 요구수준과 예상을
> 크고 꾸준하게 열망한 결과이다.**

잭 니클라우스
(*Jack Nicklaus*, 프로골퍼)

스티븐 킹이 이야기한다.

"재능은 식탁에서 쓰는 소금보다 흔하다. 재능 있는 사람과 성공한 사람을 구분 짓는 기준은 오로지 엄청난 노력뿐이다. 타고난 재능을 가지고 있다는 것은 출발선에 조금 더 앞에 섰다는 의미에 불과하다."

> **긴 안목으로 보면,
> 사람들은 그들이 목표로 한 것만을 성취한다.**

헨리 데이비드 소로우
(Henry David Thoreau, 극작가)

로버트 포먼 호턴은 이야기한다.

"성공은 당신이 뜻하는 바를 성취하는 것이 아니라, 당신이 성취할 것을 목표로 정한 다음에 그것을 이 세상에서 최대한 노력하다가 안 되면 다음 세상에서라도 꼭 성취하고 말겠다는 확신을 품고 노력하며 앞으로 나아가는 것이다."

리처드 칼슨이 이야기한다.

"많은 사람이 '안돼, 나는 할 수 없어!'라고 부정적인 말을 너무도 쉽게 습관처럼 내뱉는다. 사람의 마음은 강력한 도구이다. 어떤 일이 자신의 능력 밖의 것이라고 일단 확신하게 되면, 그 후에는 스스로 만든 장애물을 넘어서기가 거의 불가능해진다."

생각을 바꿔라!
Change your mind!

> 좋은 생각은 좋은 열매를 맺고,
> 나쁜 생각은 나쁜 열매를 맺는다.

제임스 알렌
(James Allen, 작가)

> 생각을 바꾸면, 행동이 달라지고
> 행동을 바꾸면, 습관이 달라지며
> 습관을 바꾸면, 성품이 달라지고
> 성품이 바뀌면, 운명이 달라진다.

랄프 왈도 에머슨
(Ralph Waldo Emerson, 철학자)

말도 행동이고, 행동도 말의 일종이다. 명장들도 처음에는 아마추어였다.

사람은 혼자 있을 때 정직하다. 혼자 있을 때 자기를 속이지 못한다. 그러나 다른 사람이 있을 때는 남을 속이려고 한다. 하지만 좀 더 깊이 생각한다면 그것은 남을 속이는 것이 아니라 자기 자신을 속이는 것이라는 것을 알게 될 것이다. 삶이 고단하고 힘들다고 죽으려 하지 말아라. 어깨에 진 짐이야말로 인간의 목표를 달성시키는 데 도움이 될 것이다. 짐을 벗어버리는 유일한 길은 목표를 달성시킨다고 생각하며 살아가는 것이다.

위대한 사람은 절대로 기회가 부족하다고 불평하지 않는다.

Quotes on Life : Change your mind

> **우리의 인생은
> 우리의 생각이 결정한다.**

마르쿠스 아우렐리우스 안토니우스
(Marcus Aurelius Antoninus, 로마황제)

윌리엄 존스는 이야기한다.

"당신이 부자가 될 것으로 생각한다면 부자가 될 것이다. 당신이 선한 사람이 될 거라면 선한 사람이 될 것이다. 배우고자 한다면 배울 것이다. 하지만, 딱 하나만 바래라. 그와 동시에 할 수 없는 수백 가지 일들을 그만큼 간절하게 바라지 마라."

당신의 생각대로 당신이 믿는 대로 이루어질 것이다.

> **아무도 스스로 몰두하고 있는 사람들을
> 무의미하다고 하지 않는다.**

벤자민 휘치코트
(Benjamin Whichcote, 철학자)

제임스 앨런은 이야기한다.

"마음속의 생각이 그대를 만들고 미래의 모습을 만들고 기쁨을 만들기도, 슬픔을 만들기도 한다. 마음속으로만 생각해도 현실로 나타난다. 이 세상은 그대를 비추는 거울일 뿐이다."

> **우리 세대의 가장 위대한 발견은
> 자신의 태도를 바꿈으로써
> 자신의 인생을 바꿀 수 있다는 점이다.**

윌리엄 제임스
(*William James*, *하버드대 교수*)

데일 카네기는 이야기한다.
"*행복한 일을 생각하면 행복해진다.
비참한 일을 생각하면 비참해진다.
무서운 일을 생각하면 무서워진다.
병을 생각하면 병이 든다.
실패에 대해서 생각하면 반드시 실패한다.
자신을 불쌍히 여기고 헤매면 배척당한다.*"

현재 자기 자신을 지배하고 있는 생각이 무엇인지를 생각하라. 어떤 마음가짐을 하고 있는가에 따라 우리의 인생은 달라질 수 있다.

이 세상 어디를 봐도 기회는
어려움 속에서 만들어진다.

넬슨 록펠러
(Nelson A. Rockefeller, 기업가)

잔스포츠 창업회장 스킵 요웰이 이야기한다.
"당신이 처음 계획한 방식대로 일이 풀리지 않을 때면 이에 감사하라. 삶이 종종 실망스럽고 우회로로 돌아가야 할 때면 종국에는 아이디어, 혁신, 기회의 문이 열리는 법이다. 힘든 시기를 보내지 않았다면 새로운 아이디어는 발견되지 않았으리라."

예상처럼 일이 풀리지 않을 때, 더 준비해서 잘되게 노력하게 되고, 처음 계획했던 것보다 뛰어난 아이디어로 기회가 다가올 수 있다.

> **당신이 이 세상에서 이루어지기를 원하는 변화,
> 그 자체가 되어라.**

마하트마 간디
(Mahatma Gandhi, 정치가)

세상이 변화하기를 원한다면, 당신이 변화의 주체가 되어서 당신이 먼저 변화하도록 해야 한다.

생떽쥐베리는 어린 왕자에서 다음과 같이 이야기한다.
"설령 고약한 이웃이 있더라도 그저 너는 더 좋은 이웃이 되려고 노력하는 거야. 착한 아들을 원한다면 먼저 좋은 아빠가 되는 것이고, 좋은 아빠를 원한다면 먼저 좋은 아들이 되어야겠지. 남편이나 아내, 상사 부하 직원의 경우도 마찬가지야. 간단히 말해서 세상을 바꾸는 단 한 가지 방법은 바로 자신을 바꾸는 거야."

> **살아가야 할 이유를 가지고 있는 사람은
> 어떻게 해서든 어려움을 견뎌 낼 수 있다.**

프리드리히 니체
(Friedrich Nietzsche, 철학자)

산다는 것은 고통이지만, 생존하려면 그 고통 속에서 의미를 찾아야 한다. 끔찍한 삶의 조건으로 인간에게 주어지는 마지막 자유는 어떤 태도를 선택하는가 하는 선택의 능력이다. 자신을 죽일 정도로 엄청난 것이 아닌 이상, 고난은 나를 더욱 강하게 만든다.

오늘 가장 좋게 웃을 수 있는 사람은 최후에도 웃을 것이다.

미래는 자신의 꿈을 믿는 사람들의 것이다.

엘리노어 루즈벨트
(Eleanor Roosevelt, 미국 32대 영부인)

계속해서 앨리노어 루즈벨트는 얘기한다.
"*행복은 목표가 아니다.*
 그것은 잘살았던 삶의 부산물이다.
 오늘의 나는 어제의 나의 선택이다.
 어제는 역사이다. 내일은 미스터리다.
 오늘은 선물(Gift)이다.
 그래서 선물(Present)이라고 불린다.
 만일 인생이 예측 가능하다면 그것은 인생이 아니다.
 그리고 그것은 풍미도 없다."

큰 꿈을 가져라.

랄프 왈도 에머슨
(Ralph Waldo Emerson, 철학자)

목표를 높이 설정하라. 열정은 성공의 아주 강력한 엔진이다. 무엇인가를 할 때 당신이 가진 모든 것을 발휘하고 영혼을 쏟아붓는 것이다. 능동적이고, 에너지 넘치고, 열정적이고, 신념을 가지고 임한다면 목표를 이룰 수 있다. 열정 없이 맺어진 것에 대한 결실은 없다.

> **당신의 꿈을 꼭 붙잡아라.
> 꿈이 죽으면 인생은 부러진 날개를 가진
> 날지 못하는 새와 같으니까.**
>
> 랭스턴 휴즈
> *(Langston Hughes, 시인)*

계속되는 휴즈의 이야기이다.

"당신의 꿈을 꼭 붙잡아라. 만약 꿈이 사라진다면 인생은 눈으로 꽁꽁 얼어붙은 버려진 벌판과 같으니까."

인생에 있어 꿈이 없다면 날개 없는 새와 마찬가지이다.
꿈을 가져라.
그러면 당신의 인생은 더욱 풍요로워질 것이다.

> 자기 자신에게 보이는 얼굴과
> 다른 사람에게 보이는 얼굴이
> 다른 상태가 오래 지속된다면
> 어느 쪽이 진짜 얼굴인지
> 스스로도 구분하기 어렵게 된다.

나다니엘 호손
(Nathaniel Hawthorne, 소설가)

자기 자신에게 솔직해져라. 내가 할 수 없는 일을 호언장담하며 잘할 수 있다고 하고, 거짓된 약속으로 주변 사람들에게 혼란을 준다면, 결국 나 자신도 그 거짓된 약속에 익숙해지고, 그 거짓말로 인해 넘어간 상황을 또 다른 거짓말로 다른 상황을 만들어야 할지도 모른다.

> **사람이 한 번 새로운 생각을 깨달으면
> 절대 원래 상태로 되돌아가지 않는다.**

올리버 웬델 홈스
(Oliver Wendell Holmes Jr., 법학자)

사람이 책이나 멘토링 등을 통해 과감한 변화 또는 깨우침을 얻게 되면, 다시는 자신의 예전 모습으로 돌아가지 않는다. 사람은 누구나 변하게 되어 있다. 자기 자신을 긍정적으로 변화시켜 보다 나은 삶을 살도록 생각의 변화를 해야 한다.

> **당신의 마음에 자비가 없다면
> 심장에 최악의 문제가 있는 것이다.**

밥 호프
(Bob Hope, 영화인)

마틴 루터 킹 목사가 이야기한다.

"타인에게 봉사한다면 누구든지 위대해질 수 있다. 봉사에는 대학 졸업장이 필요치 않다. 봉사하기 위해 주어와 동사의 일치를 고민할 필요는 없다. 봉사하기 위해 물리학의 열역학 두 번째 이론을 알아야 할 필요는 없다. 오직 필요한 것은 자비로 충만한 가슴뿐이다. 사랑으로 가득한 영혼말이다."

> **삶이 서로를 위해 어렵게 만들지 않는다면
> 우리는 무엇을 위해 살고 있습니까?**

조지 엘리엇
(George Eliot, 소설가)

다른 사람의 삶을 더욱 편하게 해주는 것이 결국 당신의 삶을 더욱 더 편하게 한다는 것을 깨달아야 한다.

만약 우리가 서로를 돌본다면 우리는 세상을 더 살기 좋은 곳으로 만들 수 있다.

> **반성하지 않는 삶은
> 살 가치가 없다.**

소크라테스
(Socrates, 철학자)

  누군가 나에게 잘못을 지적할 때 잘못을 수용하기보다는 핑계를 대거나, 잘못이 없다고 우기기도 한다. 대부분의 사람이 자신이 잘못 행동하고 있다는 것을 알면서도 인정하지 않고 합리화하는 것이 자신을 지키는 방법이라고 생각한다. 그러나, 가치 있는 삶을 원한다면, 늘 나 자신부터 반성하고, 주변을 둘러보며, 용서를 구할 수 있는 용기가 필요하다.

> **자기 자신을 평안하게 받아들이지 않는 한,
> 무엇을 소유하든 결코 만족하지 못할 것이다.**

도리스 모르트만
(Doris Mortman, 작가)

　다른 사람들이 나에 대해 뭐라고 말하는가로 내가 잘했는지 못했는지를 스스로 평가했다. 나는 이런 수단으로 오랫동안 고통스러웠다. 누군가가 나를 좋아하지 않으면 난 기분이 나쁘고, 그들이 나에게 원하는 부류의 사람이 되려고 했다. 누군가가 나와 함께 시간을 보내기를 원치 않으면 그건 내가 좋아할 만한 사람이 아니기 때문이라고 확신했다.
　나 자신이 소중히 여기는 것을 분명하게 밝히고 그것들로부터 살아가는 일은 나에게 일어나지 않았다. 일단 나에게 중요한 것이 무엇인가를 진정으로 이해하게 되자, 나는 더 평화롭게 살아가기 시작했다.
　사람들이 여전히 나를 좋아하지 않을 때도 있다. 그러나 나는 안다. 내가 소중히 여기는 것들과 조화를 이루며 행동한다면, 설사 눈앞에 갈등 상황이 벌어진다 해도 나는 평화로울 수 있다는 것을, 오늘 당신이 소중히 여기는 것으로 살아라.
　- 메리 맥킨지 *(Mary Mackenzie, 배우)*

> **성격은
> 모든 일상에서 선택한 결과이다.**

마가렛 젠슨
(Margaret Jensen, 작가)

혼다 켄은 이야기한다.

"당신이 평소 사용하는 말이 당신의 미래를 만든다. 당신이 다른 사람에 대한 험담이나 부정적인 말과 소문들을 내뱉으면 자네의 장래도 그렇게 부정적인 것들로 가득 차게 된다. 당신이 기쁨, 희망, 비전, 풍요로움을 말하면 당신의 인생 역시 기쁨과 희망으로 충만하게 된다."

매일 습관처럼 말하고 행동하는 것이 우리의 미래를 만든다. 우리가 일상적으로 생각하고, 말하고, 행동하는 것을 성공하는 언어로 생각하고, 말하고, 행동한다면 성공할 것이다. 지금 내가 어떤 성격이고, 어떤 말들을 하고 있고, 어떤 행동을 하고 있는지 곰곰이 생각해 보라.

Quotes on Life : Change your mind

> **우리를 인간으로 만드는 것은
> 선택할 수 있는 능력 때문이다.**

마들렌 랭글
(Madeleine L'Engle, 작가)

모든 일에는 항상 이유가 있다. 하지만 인간의 한계로 이해할 수 없는 것도 많다. 그러나 우리가 이해할 수 없다고 해서 이유가 없다는 의미는 아니다.
바보만이 두려움을 모른다. 무엇인가 필요하다고 해서 다 가질 수 있는 것은 아니다.
나 자신에게 더욱 집중해야 한다. 세상과 타협하여 감춰둔 열정은 없는지 되짚어 봐야 한다. 그리고 순수하게 받아드려야 한다. 자신의 선택에 후회가 없도록, 두려움을 겁내지 말아야 한다.

행동하라!
Do it!

> 당신이 있는 곳에서
> 당신이 가진 것으로 할 수 있는 것을 하라.

데오도어 루즈벨트
(Theodore Roosevelt, 미국 26대 대통령)

> **아는 자들이여, 실천하라.**
> **이해하는 자들이여, 가르쳐라.**

아리스토텔레스
(Aristotle, 철학자)

'아는 것이 힘이다'라고 철학자 프랜시스 베이컨이 이야기한다. 그러나 여기에는 한 단어가 더 들어가야 한다.

'아는 것을 실천해야 힘이다.'

알기만 해서는 그 어떤 것도 이룰 수 없다.
알고 있는 것을 실천해야만 하고자 하는 목적을 이룰 수 있다.

> **용기란 죽을만큼 두려워도
> 일단 한 번 해보는 것이다.**

존 웨인
(John Wayne, 영화인)

지금 해라. 할 일이 생각나거든 지금 해라. 오늘 하늘은 맑지만, 내일은 구름이 보일지 모른다. 어제는 이미 당신의 것이 아니니 지금 해라.

친절한 말 한마디 생각나거든 지금 해라. 내일은 당신의 것이 안 될지도 모른다. 사랑하는 사람은 언제나 곁에 있지는 않다. 사랑의 말이 있다면 지금 해라.

미소를 짓고 싶거든 지금 웃어주어라. 당신의 친구가 떠나기 전에 장미는 피고 가슴이 설렐 때 지금 당신의 미소를 지어 주어라.

불러야 할 노래가 있다면 지금 불러라. 당신의 해가 저물면 노래 부르기엔 너무나 늦는다. 당신의 노래를 지금 불러라.

- 로버트 해리

행동하지 않는 신념은 가치가 없다.

토마스 칼라일
(Thomas Carlyle, 철학자)

윌리엄 제임스가 이야기한다.

"행동이 감정을 따르는 것 같지만, 행동과 감정은 병행한다. 따라서 우리는 의지의 직접적인 통제하에 있는 행동을 조정함으로써 직접적인 통제하에 있지 않은 감정을 간접적으로 조정할 수 있다.

만일 유쾌한 상태가 아니더라도 기분을 유쾌하게 만드는 최상의 방법은, 유쾌한 마음을 갖고 이미 유쾌해진 것처럼 행동하고 말하는 것이다."

> **변명을 잘하는 자는
> 다른 어떤 것도 잘 할 수 없다.**

벤자민 프랭클린
(Benjamin Franklin, 과학자, 정치가)

데니스 웨이틀리는 이야기한다.

"승자의 강점은 타고난 출생, 높은 지능, 뛰어난 실력에 있지 않다. 승자의 강점은 소질이나 재능이 아닌 오직 태도에 있다. 태도는 성공의 기준이다."

아인슈타인은 이야기한다.

"나는 나의 삶이 죽은 사람이든 살아있는 사람이든 다른 사람들의 노고에 의존하고 있다는 사실을 매일 하루에 백번씩 스스로 일깨운다. 또한, 내가 받은 만큼, 그리고 지금도 받는 만큼 주기 위해서 열심히 노력해야 한다고 매일 하루에 백번씩 스스로 일깨운다."

> **운명은 우연이 아닌 선택이다.
> 기다리는 것이 아니라 성취하는 것이다.**

윌리엄 제닝스 브라이언
(William Jennings Bryan, 정치가)

폴 마이어는 이야기한다.

"당신의 마음속에 그린 것을 생생하게 상상하고 간절히 바라며 깊이 믿고 열의를 다해 행동하면 그것이 무슨 일이든 반드시 현실로 이루어진다."

"운명은 용기 있는 사람 앞에서는 약하고, 비겁한 사람 앞에서는 강하다"라고 세네카는 이야기한다.

운명이나 환경은 외부에서 오는 것이 아니라 우리 내부에서 우리 자신에게서 나오는 것이다. 용기 있는 사람, 끊임없이 도전하는 사람들에게 운명은 순종하게 된다.

Quotes on Life : Do it!

> **모든 위험이 사라질 때까지
> 항해를 떠나지 못하는 사람은
> 결코 바다로 나갈 수 없다.**

토마스 풀러
(Thomas Fuller, 신학자)

괴테는 이야기한다.
"생각은 쉽고 행동은 어렵다. 그런데 생각을 행동으로 옮기는 일은 세상에서 가장 어려운 일이다."

실천하는 것이 중요하다. 시작이 반이라는 이야기가 있듯이 일단 시작하고 보는 것이 가장 중요하다.

> **인간은 환경의 창조물이 아니다.
> 인간이 환경을 창조해 내는 것이다.**

벤자민 디즈레일리
(Benjamin Disraeli, 작가)

내가 지금 처해있는 환경 때문에 현재의 내가 존재하는 것이 아니라, 내가 한 생각과 행동 때문에 지금의 환경이 만들어진 것을 깨달아야 한다.

헬렌 켈러는 이렇게 말한다.
"쉽고 편안한 환경에선 강한 인간이 만들어지지 않는다. 시련과 고통을 통해서만 강한 영혼이 탄생하고 통찰력이 생기고 일에 대한 영감이 떠오르며 마침내 성공할 수 있다."

> **누구도 결점을 찾아낼 수 없다고 할 때까지
> 기다린다면 아무것도 할 수 없을 것이다.**

존 헨리 뉴먼
(John Henry Cardinal Newman, 신학자, 추기경)

존 맥스웰은 이야기한다.

"지금 당장 시작하라. 무슨 일을 하려고 하느냐가 아니라 지금 현재 어떤 일을 하고 있느냐가 중요하다. 실패한 사람들은 '언젠가 증후군'을 가지고 있다. 그들의 좌우명은 '어느 날인가'이다. 하지만 그 어느 날은 영원히 오지 않는다. 성공을 보장하는 최고의 방법은 오늘부터 시작하는 것이다."

현재는 과거의 생산물이며, 미래는 현재의 생산물이다. 지금 현재 할 수 있는 것을 하지 않는다면 목표에 다다르지 못할뿐더러 행복한 삶도 살 수 없을 것이다.

> **현명해지는 기술은
> 무엇을 간과하는지를 아는 기술이다.**

윌리엄 제임스
(William James, 철학자)

현명하다고 하는 것은 자신의 잘못을 빨리 깨닫고, 올바른 방향으로 다시 나아가는 것이다. 실패했다고 해서 주저앉아서는 안되며, 성공했다고 해서 안주해서는 안 된다. 우리는 실패로부터 더욱 많은 것을 깨닫게 된다. 어떤 것을 놓쳤는지 알아내는 것으로부터 성공의 시작이 된다.

계속해서 윌리엄 제임스가 이야기한다.
"인생을 바꾸려면 지금 당장 시작하여 눈부시게 실행하라. 예외는 없다."

> **거절하는 것을 배워라.
> 그것은 라틴어를 배우는 것보다
> 더 가치가 있을 것이다.**

찰스 하돈 스펄전
(Charles Haddon Spurgeon, 목사)

많은 사람이 거절하는 것을 어렵게 느낀다. 그래서 항상 자신들의 생활에 방해가 되는 줄 알면서 결국 그 일을 하게 된다. 그런 다음에 그들은 억울해하거나 죄책감을 느낀다.

이럴 때는 '정말 미안한데 나는 그걸 맡을 수 없고 그것을 할 수 없어. 나를 생각해줘서 고마워.'라고 얘기하며 예의 바르고 단호하게 '아니'라고 말하는 것을 배워야 한다.

그다지 중요하지 않은 일들에 파묻히게 되면 어떤 일도 이룰 수 없기 때문이다.

> **세월은 유수와 같다.
> 그러나 당신이 항해사인 것을 기억해라.**

세인트 루이스 뷰글
(St. Louis Bugle, 성직자)

"확고한 목표를 지닌 인간은 그것을 반드시 성취하게 되어 있으며, 그것을 성취하고자 하는 그의 의지를 꺾을 만한 것은 아무것도 없다."

벤자민 디즈레일리가 이야기하듯 우리의 인생은 우리가 조정할 수 있다. 시간은 우리 마음대로 조정할 수 없지만, 누구에게나 똑같이 주어진 시간을 어떻게 사용하느냐에 따라 우리의 인생은 달라질 것이다.

Quotes on Life : Do it!

> ## 사람이 어떻게 죽었는지가 중요한 것이 아니라
> 어떻게 살고 있는지가 중요하다.
>
> 사무엘 존슨
> *(Samuel Johnson, 작가)*

정말 터무니없고 무모해 보이는 열망도 때로는 놀랄만한 성공을 낳는다.

나뭇잎에 물어보라.

"당신은 혼자 살 수 있나요?" 그러면 나뭇잎은 "아니요. 나의 삶은 가지에 달렸습니다."

가지에 물어보라. 그러면 가지는 이렇게 대답할 것이다.

"아니요, 나의 삶은 뿌리에 달려있습니다."

뿌리에 물어보라. 그러면 대답할 것이다.

"아니요, 내 삶은 줄기, 가지, 그리고 나뭇잎에 달려 있습니다. 가지로부터 나뭇잎들을 제거해 버린다면 나는 곧 죽게 될 것입니다."

사람도 마찬가지다. 사람은 누구나 혼자서는 살 수가 없다.

- 헨리 포스딕

> **집중하고 전념하고 훈련할 때까지
> 삶은 크게 성장하지 않는다.**

헨리 에머슨 포스딕
(Henry Emerson Fosdick, 성직자)

토마스 에디슨은 이야기한다.

"매일같이 당신도 무언가를 한다. 아침 7시에 일어나 밤 11시에 잠자리에 든다면, 16시간의 이용 가능한 시간이 있다. 문제는 대부분의 사람은 이 시간 동안 여러 가지 일을 한다는 것이다. 하지만 나의 경우 한 가지 일에만 집중한다. 만약 한 가지 방향과 일에 열중할 수 있다면 성공할 것이다. 다만 열중할 수 있는 그 한 가지 일을 발견하지 못하고 있다는 사실이 문제다."

성공을 원한다면 자신의 능력을 펼칠 수 있는 한 가지 일에 집중해라. 여러 목적을 향해 관심을 분산시킨다면, 그 목표를 향해 가는 데에 너무 많은 시간과 정열이 분산될 것이다.

> **지구상에 행복을 곱할 수 있는 유일한 방법은
> 행복을 나누는 것이다.**

폴 쉐러
(Paul Scherer, 기업가)

에리히 프롬은 〈사랑의 기술〉에서 이렇게 이야기한다.

"가장 광범위하게 퍼져 있는 오해는 '준다는 것은 무엇인가 빼앗기는 것, 희생하는 것'이라는 오해이다. 주는 것은 가난해지는 것으로 생각한다. 그러나 주는 것은 잠재적 능력의 최고의 표현이다. 준다고 하는 행위 자체에서 나의 힘, 나의 부, 나의 능력을 경험한다. 고양된 생명력과 잠재력을 경험하고 매우 큰 환희를 느낀다."

나눔은 사람의 마음을 풍요롭게 한다. 주는 행위는 받는 사람에게뿐만 아니라 주는 사람에게도 엄청난 이익을 가져다준다는 사실을 알아야 한다.

> **여러분 가운데 진정으로 행복한 사람들은
> 다른 사람을 섬길 기회를 찾아서
> 어떻게 도울 것인가를 발견한 사람들뿐이다.**

알버트 슈바이처
(Albert Schweitzer, 의사)

오드리 햅번은 이야기한다.

"기억하라. 만약 도움을 주는 손이 필요하다면 너의 팔 끝에 있는 손을 이용하면 된다. 네가 더 나이가 들면 왜 손이 두 개인지 깨닫게 될 것이다. 한 손은 너 자신을 돕는 손이고 다른 한 손은 다른 사람을 돕는 손이다.

아름다운 입술을 갖고 싶으면 친절한 말을 해라. 사랑스러운 눈을 갖고 싶으면 사람들에게서 좋은 점을 보아라. 날씬한 몸을 갖고 싶으면 너의 음식을 배고픈 사람과 나누어라."

다른 사람을 섬기는 방법을 계속 고민하는 사람은 불평불만보다는 매사에 감사할 줄 아는 사람이다. 자신보다 남을 우선시하는 마음으로 나눔을 실천함으로써 진정한 행복을 발견하라.

> **당신을 만나는 모든 사람이 당신과 헤어질 때는
> 더 나아지고 더 행복해질 수 있도록 해라.**

마더 테레사
(Mother Teresa, 수녀)

정치가인 딕 아미가 이야기한다.
"당신이 복수하는 동안에는 절대로 성공할 수 없다."

 사람은 태어날 때부터 이 세상으로부터 많은 도움을 받고 이 세상을 위해 많은 것을 이바지하게 된다. 내가 받는 것보다 다른 사람을 위해 주는 것이 크면 클수록 성공에 가까워질 수 있고, 진정으로 행복을 느낄 수 있을 것이다.

> 당신이 공헌하는 것을 중단한다면
> 곧 죽기 시작할 것입니다.

엘리노어 루즈벨트
(Eleanor Roosevelt, 미국 32대 영부인)

오지 탐험가인 W.H. 머레이가 이야기한다.

"인간이 자신을 완전히 헌신했을 때 하늘도 움직인다. 과거에는 있을 수 없었던 일들이 생겨나 그 사람을 돕는다.

 모든 일은 결심에서 시작되며, 이전에 그가 믿지 않았던 사건들이나 만남, 그리고 모든 물질적 수단들이 그에게 이익이 되고 일이 잘되도록 도와준다."

> **우리가 하는 일은
> 바다에 붓는 한 방울의 물보다 하찮은 것이다.
> 하지만 그 한 방울이 없다면
> 바다는 그만큼 줄어들 것이다.**

마더 테레사
(Mother Teresa, 수녀)

<부자 아빠, 가난한 아빠>의 저자 로버트 기요사키가 이야기한다.

"무엇인가 부족하거나 필요하다고 느낄 때마다 먼저 원하는 것을 주어라. 그러면 그것이 푸짐하게 돌아올 것이다. 이것은 돈과 미소, 사랑, 그리고 우정에 대해서도 같다. 많이 베풀수록 많은 축복이 찾아오는 법이다."

> **자기 계발은
> 자기 희생보다 더 높은 의무이다.**

엘리자베스 스탠턴
(Elizabeth Cady Stanton, 여성운동가)

브라이언 트레이시가 이야기한다.
"배움에 고파하라. 그럼 절대 굶주리지 않을 것이다. 성장하지 않으면 퇴보한다. 아무리 잘 훈련된 운동 선수라 하더라도 훈련을 중단하면 72시간부터는 운동능력이 감소하기 시작한다."

 배움을 멈추거나 게을리해서는 안 된다. 배움은 끊임없이 성장하는 에너지의 원천이다. 목표를 향해 끊임없이 정진하라.

> **다른 사람의 마음의 고통을 덜어주는 것은
> 자기 자신의 마음의 고통을 잊는 것이다.**

에이브라함 링컨
(Abraham Lincoln, 미국 16대 대통령)

달라이 라마가 이야기한다.
"평화를 경험하고 싶다면 다른 이들에게 평화를 주어라. 안전함을 느끼고 싶다면 다른 이들에게 안전함을 알게 해 주어라. 이해할 수 없는 것을 이해하고 싶다면 다른 사람들이 더 잘 이해하도록 도와주어라. 당신의 슬픔이나 노여움을 치유하고 싶다면 다른 사람의 슬픔이나 노여움을 치유하도록 노력해라."

인생은 홀로 살아가는 것이 아니다. 다른 사람과의 관계 속에서 살아가는 것이 인생이다. 내가 성공하고 싶다면 내가 원하는 것이 있다면, 상대방을 먼저 성공시키고 상대방에게 먼저 주어야 한다.

> **자신과 더 이상 연락하지 않는다면
> 다른 사람과도 연락할 수 없다.**

앤 모로우 린드버그
(Anne Morrow Lindbergh, 비행사)

이어지는 앤 모로우 린드버그의 이야기이다.

"좋은 의사소통은 블랙커피만큼 자극적이고 각성효과도 뛰어나다."

"우리는 혼자만의 시간을 가져야 한다. 혼자 조용히 보내는 시간, 여유롭게 생각할 시간, 기도하는 시간, 음악, 독서, 그 외에 무언가를 공부하거나, 일하거나, 자신의 내면과 마주하고 우리를 갈라놓으려는 다양한 원심력에 저항해야 한다."

다른 사람과의 인간관계를 위해 역설적으로 나 자신의 내면의 소리에 먼저 귀 기울여야 한다. 우리의 인생은 남의 시선, 남의 평가, 수군거림으로 주의 산만하게 되기엔 너무나 소중하기에 우리 자신을 찾아야 한다고 이야기한다.

> **당신이 실제로 뭘 할 수 있든지,
> 혹은 무엇을 꿈꿀 수 있든지 간에
> 일단 시작을 해라.
> 대담하다는 말 안에는 재능, 힘, 마법 등이
> 다 포함되어 있는 법이다.**

괴테
(Johann Wolfgang von Goethe, 철학자)

아우렐리우스는 이야기한다.

"거창한 일이라도 우선 시작해보라. 손이 일에 착수했다는 것만으로도 일의 반은 이룬 셈이다. 그러나 아직 반이 남아있다. 한 번 더 착수해 보라. 그러면 모든 일은 모두 마무리되는 셈이다."

작은 물줄기가 모여 강과 바다를 이루고, 천 리 길도 한 걸음부터라는 말이 있듯이 우선 내딛는 한 걸음이 중요하다. 결국, 그 한 걸음, 한 걸음이 천 리 길을 가게 되는 것이다.

> **당신이 할 수 없는 일이
> 당신이 할 수 있는 일을 방해하게 하지 마라.**

존 우든
(John Wooden, 미식축구 감독)

계속해서 존 우든 감독은 이렇게 이야기한다.
"할 수 없는 일 때문에 할 수 있는 일조차 망치지 않도록 해라. 자신이 할 수 없는 것에 신경 쓰지 말고 자신이 잘할 수 있는 일부터 시작해라. 실현 불가능한 망상은 그만두고 지금 당장 할 수 있는 작은 일부터 당장 시작해라."

Quotes on Life : Do it!

> **감사함을 느끼고 그것을 표현하지 않는 것은
> 선물을 싸고 그것을 주지 않는 것과 같다.**

윌리엄 아서 워드
(William Arthur Ward, 작가)

넬슨 만델라가 이야기한다.

"감옥에 있다 나오면 작은 것에 감사하게 된다. 언제든지 원할 때 산책하고 길을 건너고 상점에 들어가 신문을 사고 말하고 싶을 때 말하고 말하기 싫으면 말하지 않을 수 있다는 생각에, 자신을 스스로 통제할 수 있는 단순한 행위에… 자유로운 사람은 이런 것에 늘 감사하지 않는다. 사람은 속박을 당한 뒤에야 그런 것을 기쁘게 받아들인다."

소중한 것을 잃고 나서야 감사함을 느끼는 경우가 많다. 그러나 우리는 항상 사소한 일에 감사할 줄 알고 그 마음을 표현해야 한다. 항상 감사함을 표현할 때 우리의 인생은 조금 더 행복해질 것이다.

> **지금 이 순간 최선을 다하면
> 다음 순간에 최고의 자리에 오를 수 있다.**

오프라 윈프리
(Oprah Winfrey, 방송인)

윌리엄 오슬러 경이 이야기한다.
"내일을 위한 최고의 준비는 오늘의 일을 최고로 끝내주게 하는 것이다."

우리는 흔히 "내일부터 할 거야."라는 말로 자신을 위로하며, 지금 현재 최선을 다하는 모습을 미룬다. 성공하고 싶다면, 오늘부터 시작하고, 오늘부터 행동하고, 매 순간순간 최선을 다한다면, 준비된 내일이 당신을 맞이할 것이다.

> **하루 하루를 어떻게 보내는가에 따라
> 우리의 인생이 결정된다.**

애니 딜러드
(Annie Dillard, 작가)

"미래의 가장 좋은 점은 한 번에 하루씩 온다는 것이다."

아브라함 링컨은 시간을 금같이 여겨야 한다고 이야기한다. 매 순간 주어진 시간은 우리 미래를 밝게 빛내 줄 가장 좋은 것이기 때문이다. 지금 현재의 시간을 어떻게 보내는가에 따라서 우리의 미래가 우리의 인생이 결정된다. 지금 현재의 시간을 소중하게 여겨라.

> **역경은 어떤 사람에게는 망가지는 이유가 되지만,
> 다른 사람에게는 기록을 깨는 이유가 된다.**

윌리엄 아서 워드
(William Arthur Ward, 작가)

그레그 레이드가 이야기한다.

"성공의 비결은 남들이 잘 때 공부하고, 남들이 빈둥거릴 때 일하며, 남들이 놀 때 준비하고, 남들이 그저 바라보기만 할 때 꿈을 갖는 것이다. 꿈은 날짜와 함께 적어 놓으면 목표가 되고, 목표를 잘게 나누면 계획이 되며 계획을 실행에 옮기면 꿈은 실현이 되는 것이다."

장애물을 보는 사람은 많지만, 목표를 보는 사람은 적다. 모든 성공한 사람들은 희망적이고 낙관적인 태도를 지닌 사람들이다. 그들은 자기 삶의 목표를 생각하고 거기에 집중한다. 장애물이 있으면 그것을 뛰어넘는 자신의 모습을 상상한다.

Quotes on Life : Do it!

> **아무리 중대한 실수를 저질렀더라도
> 항상 또 다른 기회는 있다.
> 우리가 실패라 부르는 것은
> 추락하는 것이 아니라 내려간 채로 있는 것이다.**

메리 픽포드
(Mark Pickford, 영화배우)

조너선 테오는 이야기한다.

"실리콘밸리에선 실패한 경험이 없었다는 것은 용감하지 않았다는 말과 같다. 벤처인에게 실패는 '용감했다'라는 말과 동의어이다. 실리콘밸리에서는 실패를 경력의 하나로 보고 재기를 도와주는 매커니즘이 존재한다. 대신 실패한 뒤 책임을 회피할 경우 실패자로 영원히 낙인 찍힌다."

실패 위험을 무릅쓰고 과감하게 도전을 한다면 그 실패의 경험은 성공하는 데 있어 중요한 밑거름이 될 것이다.

누려라!
Enjoy!

> 인생에는
> 서두르는 것 말고도 더 많은 것이 있다.

마하트마 간디
(Mahatma Gandhi, 정치가)

> **여행의 종지부를 찍는 것은 중요하다.
> 그러나 결국 중요한 것은 여행 그 자체이다.**

어니스트 헤밍웨이
(Ernest Hemingway, 작가)

처음 여행을 떠날 때는 즐겁거나 힘들거나 해서 이 여행이 언제 끝날지 모른다. 그러나 여행을 하다 보면 여행 자체가 중요해지는 때도 있다.

인생도 마찬가지다. 어떻게 인생을 사는가도 중요하지만, 결국 인생 그 자체로써 의미가 있다.

Quotes on Life : Enjoy!

> **과거의 경험은 말뚝이 아니라
> 지표가 되어야 한다.**

D. W. 윌리엄스
(D. W. Williams, 음악가)

한 때 "좋았던 시절"을 회상하며 과거의 추억에만 매달려 있지는 않은가? 우리의 경험은 우리가 앞으로 나아가야 할 방향을 찾는 이정표이지 그것에 얽매여서 안주하거나 만족해서는 안 된다. 우리는 과거의 추억에 매달리는 향수의 효과에 쉽게 마비된다.

그러나, 우리는 더 나은 미래를 위해, 행복을 위해 과거에서 배움을 얻고 현재에서 실천하며, 미래를 향해 나아가야 한다.

> **삶의 끝에서
> 당신은 시험을 치르고 통과하는 것,
> 하나의 재판을 더 이기는 것,
> 비즈니스를 성공시키지 못해서 후회하지는 않을 것이다.
> 정말 후회할 일은
> 남편, 친구, 자녀, 또는 부모와 함께
> 행복한 시간을 더 못 보낸 것에 대해 후회할 것이다.**

바바라 부시
(Barbara Bush, 미국 41대 영부인)

의사나, 변호사나, 성공한 사업가로서도 중요하지만, 우리는 모두 인간이기 때문에 사람으로서 제일 중요한 것은 가족, 동반자, 부모, 자식들과의 관계이고, 이들의 관계가 당신의 인생에 있어 제일 중요한 투자가 될 것이다.

> **신뢰 받는 것은
> 사랑 받는 것보다 더 큰 영광이다.**

조지 맥도널드
(George MacDonald, 작가)

누군가로부터 인정을 받는 것, 사랑을 받는 것은 중요하다. 결국, 사랑도 신뢰를 바탕으로 생겨나는 것이다. 온전히 한 사람을 신뢰했을 때 그 사람에 대해 인정도 하게 되고, 사랑도 하게 되는 것이다. 사랑한다고 해서 신뢰를 하는 것은 아니지만, 신뢰하면 그 모든 것을 사랑할 수 있기 때문이다.

 내가 신뢰를 받기 위해서는 나의 모든 것을 내려놓고 상대방을 먼저 신뢰해야 한다.

> **내 삶을 대처할 하루와 맞바꾸고 있기 때문에
> 오늘 내가 하는 일이 중요하다.**

휴 뮬리건
(Hugh Mulligan, 저널리스트)

<내일을 바꾸는 3분 습관>의 저자 모치즈키 도시타카는 이야기한다.
"행복하고 성공한 사람들은 다음 3가지를 갖추고 있다.
첫째는 과거에 감사하고,
둘째는 미래의 꿈을 꾸고,
셋째는 현재를 설레며 살아간다."

행복하기를 원한다면 지금 현재 하는 일에 집중하라. 그 일이 당신의 미래를 바꿔 놓을 것이다.

Quotes on Life : Enjoy!

> **많은 사람이 행복을 나눔에 있어 간과하는 것은
> 행복을 발견하지 못해서가 아니라
> 행복을 즐기지 않기 때문이다.**

윌리엄 페더
(*William Feather*, 작가)

노먼 빈센트 필은 이야기한다.

"*좋아하니까 하게 되는 그런 일을 하라. 그러면 성공은 저절로 따른다.*"

자신이 좋아하는 일을 하는 사람은 누구나 자신의 열정과 에너지를 쏟아부을 것이다. 진정한 행복으로 가는 길은 자신이 잘할 수 있는 것을 찾아, 자신의 능력을 거기에 쏟아붓는 일이다.

궁극적으로 시간은 당신이 가진 모든 것과 아이디어를 갖지만 누리지는 못한다.

엘런 굿맨
(Ellan Goodman, 저널리스트)

랄프 왈도 에머슨이 이야기한다.
"무엇이 성공인가?
 자주 그리고 많이 웃는 것, 현명한 이에게 존경을 받고, 아이들에게서 사랑을 받는 것, 정직한 비평가의 찬사를 듣고 친구의 배반을 참아내는 것, 아름다움을 식별할 줄 알며 다른 사람에게서 최선의 것을 발견하는 것, 건강한 아이를 낳든, 한 평의 정원을 가꾸든, 사회환경을 개선하든 자기가 태어나기 전보다 세상을 조금이라고 살기 좋은 곳으로 만들어 놓고 떠나는 것, 자신이 한때 이곳에서 살았으므로 해서 단 한 사람의 인생이라도 행복해지는 것, 이것이 진정한 성공이다."

현재의 시간을 즐기는 것, 그것이 행복이 아닐까?

> **우리는 하나의 강력한 것을 생각하지만
> 때때로 그것을 놓아줄 필요가 있다.**

헤르만 헤세
(Herman Hesse, 작가)

헤르만 헤세는 계속해서 우리에게 이렇게 얘기한다.

"인생에서 중요한 것은 자신에게 부과된 길을 한결같이 똑바로 걷고 타인과 비교하지 않는 것이다.

서로 다른 사람이 되는 것은 우리의 목적이 아니다. 중요한 일은 서로 다른 개성을 지닌 사람으로 인정해주는 것이다. 그가 하는 일을 보고 그를 존중하고 각각의 다른 사람들을 보고 배우는 일이 중요하다.

서로 사람들은 각자의 다른 성격과 개성을 지니고 있다. 이 세상에 같은 사람은 단 한 명도 없다. 서로 다른 사람을 보고 인정해주고 서로 다른 개성을 지닌 사람을 통해 내가 가지지 못한 부분을 배울 수 있다.

하나의 그림에는 수많은 색채가 담겨 있다. 하나의 색깔로만 칠해진 그림은 어디에도 없다. 수많은 색채들이 어울려서 하나의 명작을 만들어낸다."

우리는 항상 시간이 모자란다고 불평을 하면서 마치 시간이 무한정 있는 것처럼 행동한다.

루키우스 세네카
(Lucius Annaeus Seneca, 철학자)

세네카는 계속해서 말한다.

"인생보다 더 어려운 예술은 없다. 다른 예술이나 학문은 가는 곳마다 스승이 있다. 인생에서 가장 쓸데없는 것이 탄식이다. 무엇을 얻을까 눈을 두리번거리기 전에 먼저 탄식을 버려라. 인생은 짧은 이야기와 같다. 중요한 것은 그 길이가 아니라 값어치이다.

다른 사람들과 잘 지내는 것이 진짜 앞서가는 것이며, 협력과 연계된 성공이 되는 것이다. 우리가 진정으로 원하는 것이 있다면 그것을 할 수 있는 시간을 찾기 마련이다.

시간이 없다고 불평하지 말고, 그것을 하기 위해 시간을 만들어라."

> "인간의 본성에 대해 알고 있는
> 가장 비극적인 것 중 하나는
> 생활을 연기하는 경향이 있다는 것이다.
> 수평선의 마법 장미 정원 꿈을 꾸는 대신에
> 창밖의 정원에 있는 장미를 즐기고 있다."

데일 카네기
(Dale Carnegie, 작가)

마지막으로 데일 카네기의 말로 정리하고자 한다.
 "세상의 중요한 업적 중 대부분은 희망이 보이지 않는 상황에서도 끊임없이 도전한 사람들이 이룬 것이다. 나는 지금까지 자신이 지금 하는 일을 재미없게 하는 사람 중에서 성공하는 사람을 본 적이 없다."

당신의 일과 인생을 즐겨라!
그러면 자연스럽게 성공이 당신 곁에 있을 것이다.

작가에 대해...

스티븐 코비는 TIME지 선정 가장 영향력 있는 미국인 중 25명 안에 드는 사람 중 하나로, 모든 사람이 자신의 운명을 제어할 방법을 직접적인 지도와 함께 보여주는 데 그의 삶을 바쳤다.

그는 국제적으로 존경받는 리더십의 권위자이며, 가족 관계 전문가, 교사, 조직 컨설턴트, 저자이기도 하다. 그는 40개 언어로 번역되어 2천만 부 이상 판매된, 20세기 가장 영향력 있는 책 중 하나인 〈성공하는 사람들의 7가지 습관〉이라는 베스트셀러 저자이다. 그의 다른 베스트셀러 작품에는 〈성공하는 가족들의 7가지 습관〉, 〈성공하는 사람들의 8번째 습관〉, 〈원칙 중심의 리더십〉 등이 있다.

　1983년 그는 교육 및 컨설팅을 전문으로 하는 <코비리더십센터>를 설립하였고, <브리검 영 대학>에서 한동안 전임교수로 재직하기도 하였다. <코비리더십센터>는 나중에 <프랭클린 퀘스트>를 합병하여 <프랭클린코비>사로 확장하였고 현재 <프랭클린코비>사는 전 세계 147개국에서 글로벌리더십 센터로 활동하고 있다.
　스티븐 코비는 국제경영학회로부터 맥필리상을 수여받고, 미국 브리검영대학에서 조직행동학과 경영관리학 교수, 부총장 등을 역임하다 2012년 7월 자전거 사고의 후유증으로 사망했다.

스티븐 코비의 인생을 바꾼 위대한 명언

2016년 11월 10일 초판 인쇄
2016년 11월 10일 초판 발행
지은이 | 스티븐 코비
펴낸이 | 홍재영
펴낸곳 | (주)도서출판 나무
편집장 | 이상진
주소 | 서울특별시 중구 퇴계로36길
전화 | 070-8610-6306
팩스 | 070-8610-6307
출판등록 | 제 25100-2013-000038호
ⓒ 2016 (주)도서출판 나무